읽을마음

누군가를 읽을 마음, 내가 읽을 누군가의 마음

- 이 도서는 2025 경기도 우수출판물 제작지원 사업 선정작입니다.

- 본 도서의 제목 '읽을마음'은 상표권 16류 등록으로 보호되고 있으며,
  등록권리자는 발행인과 동일합니다. (공고번호 40-2024-0121285, 2024.10.15.등록)

- 이 책은 저작권법으로 보호받는 저작물이므로 무단 전재와 복제를 금지하며,
  이 책 내용의 전부 또는 일부를 이용하려면 반드시 저작권자와 출판사 꿈꾸는별의
  서면 동의를 받아야 합니다.

- 잘못된 책은 구입처에서 교환해 드립니다.

목차

누군가를 읽을 마음, 내가 읽을 누군가의 마음　8

Part 1.
책방을 만든 책방지기

게으른 사람이 하는 서점　13

책방은 하고 싶은데 책방에 필요한 재능이 없다　22

생일책의 시간이 펼쳐지다　26

생일책이라는 모험　34

책을 팔고 싶은 공간, 책이 머물고 싶은 자리　38

노동의 가치가 선물이 되는 서점　42

서점, 시작했습니다　51

Part 2.

책방이 만든
책방지기

마음 바깥에서 만난 마음　57

당신의 사진 속 케이크 찾기　61

책방, 그리고 손님　68

누구나, 그러나 아무나　73

다른 가게에서 배우기　78

첫 번째 발걸음, 서울국제도서전과 와우북페스티벌　87

1인 3책방 운영하기　92

세상에서 가장 짧게 머무는 서점　101

문장을 모으는 책방의 게으른 책방지기　106

응원하는 사람　115

목차

Part 3.
새로운 이름

팬데믹 속 아이슬란드 125

뜸들이기, 결심하기 133

리브랜딩 : 읽을마음 137

다시 찾아온 선택의 시간, 로고디자인 142

만들어온 것들 부정하기 146

새로 만든 것 우기기 149

책에 새 옷을 입히는 일 154

Part 4.
읽을마음 밖
읽을마음

함께 걷는 여행, 함께 걷는 서점 167

책방 하기 좋은 동네, 없으면 만들어 볼까? 176

여기, 우리, 완전 광명 180

이웃을 만드는 거리, 거리를 만드는 이웃 186

길에서 거리로, 거리에서 골목으로, 골목에서 이웃으로 192

문화도시 만들기, 읽을마음 담기 200

리브랜딩을 넘어 로컬 브랜딩 207

Part 5.
지금부터,
읽을마음
그리고
개인적인 이야기

당신 근처에 있는 책방   213

빵 점 짜리 동네서점   218

한 책방지기의 여행   223

『도시와 그 불확실한 벽』 소설 속 마을로의 여행   228

가장 사치스럽고 사소한 일   235

텍스트뿐인 세계의 미래   239

간격 좁히기   243

오래오래 행복하게 살았습니다   248

마치며   252

누군가를 읽을 마음,
내가 읽을 누군가의 마음

생각해 보면 책은 참 재미있는 물건이다.
합리적인 소비자라면 평생 몇 권의 책을 사야 할까?
답은 빵 권이다.
당장 소비하지 않아도 되는 물건이니까.
정 소비하고 싶다면, 도서관을 찾는 편이 합리적이니까.

책 읽는 사람들이 줄어가고 있는 시대이지만 책 쓰는 사람들은 어느 때보다 많아졌다. 작년에 ISBN이 붙은 한국 도서는 6만 종이 넘게 출간되었고, 그중에 소설과 에세이, 시가 들어간 '문학' 분류만 1만 2천 종이다. 우리 동네 가장 큰 도서관의 1년 예산을 문학에만 쏟아도 모든 책을 한 권씩 구입할 수는 없을 정도다.

하고 싶은 이야기는 많지만 들을 사람은 없는 시대에 사람들은 왜 책을 쓰는 걸까? 왜 읽는 걸까? 그리고 도대체, 왜 사는 걸까? 이 시장은 어떤 메커니즘으로 굴러가며 그런 상품을 팔겠다고 나선 나는 매장을 어떻게 운영해야 할까? 이 많은 책을 내가 구원할 수는 없을 거란 생각을 하다 보면 어디에서부터 손을 대야 할지 막막해진다.

수많은 책들 중에 적어도 절반 이상은 누군가가 꼭 읽어주기를 바라는 마음으로 태어났을 것이다. 종이 위에 잉크로 찍힌 글자가 되어, 읽고 싶은 누구든 읽을 수 있게 만들어졌을 것이다. 파주 어디 창고에 갇혀 있다 파쇄기에서 새 종이로 태어나기를 바란 책은 아마 없었을 것이다.

오래전에 읽은 자기계발서의 불가사리 이야기가 떠오른다. 이 해변의 모든 녀석을 살려주진 못하더라도, 내가 바다로 되던져 주는 이 한 마리에게는 의미가 있겠지요. 읽을마음은 그런 마음으로 책을 모으고 전한다.

그 많은 책 중에 어떤 책은 줍고 어떤 책은 스쳐 지나가는 것을 내가 정할 수는 없었다. 바다 건너에서 시작한 생일책이라는 기획은 그런 마음으로 책을 바라보던 나의 마음에 와닿았고, 보여줄 것과 보여주지 않을 것에 대한 고민 끝에 조금 다른 모습으로 시작했다.

하얀 종이 속의 검은 흔적들은 그것을 펼쳐 들여다보는 사람의 눈이 있을 때 이야기가 된다. 제목과 작가를 알고 만나는 다른 책이라면 '읽는 마음'만으로 충분할지도 모른다.

하지만 이 신기한 책 시장에서, 굳이 '알지 못하는 누군가의 이야기'를 만나겠다고 읽을마음에 들어온 사람이라면 조금 더 능동적인 어떤 의지를 갖고 있을 것이다. 읽을 마음이 없이는, 알 수 없는 책을 집어 들고 카운터에 다가서진 않을 테니까.

책방의 이름은 그렇게 지어졌다. 누군가에게는 '나와 같은 날 태어난 누군가'라는 것이 스쳐 지나는 우연, 혹은 확률상 365분의 1의 그 어떤 것일 뿐이지만, 누군가에게는 그 알지 못하는 누군가를 내 안의 이웃으로 만들 인연이 된다.

책 생태계를 나 혼자 살릴 수는 없다. 하지만 어디서도 만나지 못했을 독자와 책, 그리고 작가를 잇는 일은 누군가는, 어딘가에서는 만나게 해야 한다고 믿었다. 그 믿음을 응원해 준 사람들이 있었기에, 이 책방은 '굳이 안 사도 되는 것들'로 가득한 공간이 될 수 있었다.

책방 읽을마음은, 일상 속의 작은 기적은 그런 사람들에게만 열린 어떤 작은 공간이라고 믿는 한 책방지기가 만든 작은 책방이다.

Part 1.
책방을 만든
책방지기

게으른 사람이 하는 서점

밤사이 메일이 도착했다.

Of course!!! Thank you for the creativity ! We JUST missed mine. So hopefully it will work for next year. March ○○

단어는 다 아는데 뜻을 모르겠다. 구글 번역기를 돌려서 메일의 내용을 이해할 수 있었다. 감사를 담아 답장을 보내고 3월 모일의 작가에 한 분을 추가한다. 작가명, 룰루 밀러. 대표작, 물고기는 존재하지 않는다. 작가님의 반응을 보니, 적어도 전 세계 생일책 서점에 룰루 밀러의 책은 오늘까진 없는 것 같다. 가벼운 마음으로 책방으로 향한다.

전날 주문한 책들 중에 오늘 도착할 책과 도착하지 않을 책을 확인하며 하루를 시작한다. 다른 서점에선 취급하지 않는 책이 많은 서점이라 입고 시기가 들쑥날쑥하다. 매장 문을 열고, 빗자루를 들고 책방 앞을 정리한다. 술집이 많은 골목이라 책방 앞에도 밤새 주인을 잃은 담배꽁초가 가득 모였고, 아스팔트 도로와 책방 데크 사이에는 질경이가 피었다. 꽁초는 모아서 버리고 질경이는 내버려두었다.

아침까지 들어온 온라인 주문 건을 확인해 택배 발송 준비를 마치면, 카운터 옆에 쌓인 책무더기 중에 손이 가는 책들을 꺼내 잠시 읽는다. 책 속에서 소개하고픈 문장을 만나면, 컴퓨터에서 생일책 문장들이 적힌 파일을 열어 재빨리 적어 둔다. 이 책을 소개할 키워드도 떠올려본다.

오늘 연락을 받은 룰루 밀러의 책은 이미 읽었다. 스포일러 없이 이 책을 소개하기 위해 스포일러 가득한 문장을 소개문장으로 선택했다. 책의 95% 정도는 읽어야 이 문장이 나오겠지.

계속 차를 몰면서 나는 이 넓은 세계에 존재하는 모든 민들레들이 마침내 이 사실을 이해한 나를 향해 동시에 동작을 맞춰 고개를 끄덕여주는 모습을, 운전대 너머에서 내게 손짓을 하고 노란 꽃송이를

흔들며 나를 응원해주는 모습을 떠올렸다. 이제야 나는 나의 아버지에게 할 반박의 말을 찾아냈다. '우리는 중요해요, 우리는 중요하다고요!'

룰루 밀러, 『물고기는 존재하지 않는다』, 곰출판

키워드와 문장을 넣고 다음 책을 집어 들었다. 이런, 이번 책은 마음에 들지만 아직 작가의 생일을 모른다. 구글에서 작가의 홈페이지를 찾아본다. 보통은 출판 에이전시의 이메일을 확인해 연락하는데, 이번엔 Contact 페이지가 있어 여기에 짧은 메시지를 남긴다.

그렇게 한 권 한 권 문장과 키워드를 완성하고 나면 이제 책에 새 옷을 입혀야 한다. 카운터 뒤 작업대에는 오늘 북커버를 입힐 책들이 이미 쌓여 있다. 방금 문장과 키워드, 북커버 디자인을 마친 새 생일책도 그 위에 얹어 둔다.

책방 밖에는 긴 줄이 늘어서 있다. 반갑지만 우리 책방을 찾는 줄은 아니다. 맛집으로 소문난 옆집 라멘집에 늘어선 줄이다. 열두 시가 되면 라멘집 문이 열리고, 줄 선 사람들은 결제를 하고 번호표를 받아 다시 줄을 지어 기다린다.

여름과 겨울에는 그 기다림이 꽤나 괴로운 시간일 테다. 나도 저기서 기다리다 옆집으로 이사를 왔었지. 그래서 책방 문에는 안내문이 붙어 있다. 냉/난방 중. 들어와서 대기하셔도 됩니다. 그걸 본 한두 사람이 책방에 용기 내어 들어오면 그날은 줄줄이 라멘집 손님이 책방 손님이 된다. 동네책방을 처음 온 손님이 대다수일 만큼 뜻밖의 방문이지만, 자기 생일을 찾다 보면 여기서 빈손으로 나가기가 쉽지 않다.

한 시가 지나면 라멘집 줄도 줄어들고 책방도 한산해진다. 이 시간에는 온라인서점 신간 페이지에 들어가 신간들을 살펴본다. 하루에도 수백 종의 한글 책이 출간되고 그 책들을 모두 살펴볼 여유는 없지만, 교보 같은 대형서점과 온라인서점 MD들이 책다운 책을 열심히 걸러둘 것이기에 나는 그 결과물을 보고받는 기분으로 신간 코너를 보며 우리 서점에서 간택할 책을 찾는다. 마음에 드는 책들은 백그라운드 탭으로 열어 두며 페이지를 넘기다 보면, 지난번 살펴보던 책 리스트에 도달한다. 열어두었던 탭을 하나씩 훑어본다. 오늘은 마음에 드는 책이 좀 많아서 탭을 많이 띄웠다. 컴퓨터가 버벅거린다.

단순한 성공담이나 자기계발서는 걸러지고 대부분 소설

과 에세이가 남는다. 여기에 전직 출판사 마케터의 눈은 자신이 과거에 하던 일을 부정하는 작업을 시작한다. 이 책은 제목과 마케팅에 올인했구나, 패스. 여긴 성공담 자비출판 전문 출판사잖아. 이번에는 표지를 잘 만들어서 속을 뻔했어. 패스. 이 책은 판형을 보니 빅북이군, 포장하기가 어려우니 패스. 이 책은 본업이 유튜버라 퀄리티가 미심쩍지만 책 속의 문장은 그럴듯하네. 일단 주문해서 살펴볼까? 모니터에서 잠깐 눈을 떼고 오프라인 서점으로 시선을 돌린다. 큰 박스를 들고 들어오시는 기사님이 보인다. 새 책들이 도착했다.

도착한 책과 발주서 목록이 일치하는지 확인하고 고객 주문분을 먼저 추려 둔다. 고객 주문분은 연락문자를 발송하고 한쪽으로 모아 둔다. 작은 서점에 굳이 주문을 하는 소중한 동네 손님들 책이니, 당연히 우선이다. 남은 책은 '생일책'으로 포장을 기다리는 친구들이다. 이미 문장과 표지디자인이 등록된 책들은 카운터 뒤 작업대에 두고, 처음 도착한 친구들은 카운터 옆에 쌓아 둔다.

오후 두 시. 평일이라 손님들도 슬슬 없을 시간이고 작업대에 그럭저럭 물량이 쌓였으니 포장을 시작한다. 책마다 다른 판형에 맞춰 둔 책표지를 출력한다. 책을 잔뜩 쌓아 둔 날에는 출력하는 데에도 시간이 꽤나 걸린다. 책을 충분히 감쌀 만큼 크고, 비침이 없을 만큼 두꺼운 종이를 수만 장째 출력하고 있는 프린터가 잘 버텨 주어서 고마울 뿐이다.

인쇄된 종이의 칼선대로 종이를 접고, 도착한 책과 맞춰 본다. 가끔 재쇄에 들어간 책들은 1~2mm 정도 차이가 있어서 다시 맞춰야 할 때가 있다. 문제가 없으면, 접은 종이로 책에 새 커버를 씌운다. 북커버는 책의 측면을 한 바퀴 둘러 감싸고, 앞표지 안쪽에서 맞면으로 만난다, 이곳에 책을 봉하는 동그란 부직포 양면테이프를 붙여 책이 펼쳐지지 않게 한다. 바스락거리는 까슬이와 몽글몽글한 부슬이로 이루어진 이 친구들은 책이 제 주인을 만나기 전까지 함부로 열리지 않도록 주의를 환기시킨다. 무심코 책을 열어 보려던 사람들을 조심하게 만들고, 조심하지 않은 사람들이 내는 소리는 내 귀에 들어오니 포장지를 완전히 벗기기 전에 상황을 수습할 수 있다. 부직포가 떨어지려는 소리와 함께, 장전된 멘트를 발사하면 되니까.

'치이익'(부직포가 떨어지는 소리)

"구입 후에 개봉해 주세요."

책에 입힌 북커버는 다시 크라프트지로 이중 포장된다.

아까 입혀 둔 종이커버 안쪽을, 크라프트지가 세로 방향으로 감싼다. 이러면 본래의 책 표지를 크라프트지 속에 효과적으로 숨길 수 있다. 비닐포장에서 벗어나기 위해 일 년 동안 연구한 방법이다. 책 윗등에 가격표가 인쇄된 미니 라벨을 붙이면, 생일책 완성이다.

　포장한 책들은 카운터 위에 차곡차곡 쌓아둔다. 더 올리면 무너질 것처럼 보일 때쯤, 카운터를 떠나 각자의 생일 자리로 배치를 받는다. 오픈일인 오늘 날짜의 생일책은 서점 문을 열면 가장 먼저 보이는 테이블 위에 둔다.

　중간중간 손님들이 들어올 때마다 분위기를 전환해 본다. 바쁘게 포장하는 모습을 보여줄 때도, 책을 읽으며 느릿하게 일하는 모습을 보여줄 때도 있다. 바쁘게 움직이는 모습에 이끌려 들어오는 손님도 있고, 책을 읽는 모습에 이끌려 들어오는 손님도 있는 것 같은데 오늘은 어떤 손님이 어떤 모습에 서점 문을 열게 될진 알 수 없으니 언제나 마음 가는 대로 한다.

　점심 무렵엔 도매상에서, 오후에는 출판사 직거래 도서들이 도착한다. 다시 생일책과 주문분을 분류한다. 오후 세 시가 넘으면 골목의 식당들도 브레이크타임이라 골목에 인적이 거의 끊긴다. 이 시간에는 아예 카운터 위에 책을 펼쳐두고 작업을 한다. 오후 네 시가 되면 아직 책 포장을 마치지 했더라도 다섯 시까지는 잠시 브레이크 타임을 갖는다. 문은 열려 있지만, 업무는 손에서 놓는 시간이다.

점심에 커피를 내리지 못했으면 이때 한 잔 내리고, 이미 마셨다면 가장 읽고 싶었던 책을 조용히 읽는다. 마땅한 책이 없으면 오늘의 생일책도 좋다. 바깥이 조용하니 잠시 매장 음악도 꺼야겠다.

저녁시간이 되고 옆집 식당들이 저녁장사를 슬슬 시작하면 나도 저녁일과를 시작한다. 해가 빨리 지는 겨울에는 하루 포장분을 이 시간으로 몰아 둔다. 어두운 길을 스쳐 지나가는 사람들도 책방지기가 열심히 움직이는 모습을 보면 들어올 마음이 생기는지, 저녁엔 책 읽을 때보다 포장할 때 새로운 손님이 더 많이 들어온다.

오늘 팔린 책들의 빈자리들이 듬성듬성 생겼다. 손님이 없는 시간에 채워 둬야 한다. 재고가 있는 책은 서가 아래 서랍에서 꺼내 바로 꽂아 두고, 포장해 둔 여분이 없는 책은 책방에 재고가 있으면 바로 북커버를 출력한다. 재고마저 없으면 내일 주문목록에 올려 둔다. 어느덧 영업시간도 끝나 간다. 메인테이블 위의 신간들을 모두 치우고 무드등을 올려 둔다. 오늘은 퇴근해서 책을 읽을까, 책을 읽고 퇴근할까 고민하면서.

포장으로 시작해 포장으로 끝나는 하루에 대해 농담처럼 말하곤 한다. "저는 서점업이 아닌 것 같아요. 이건 제조업이에요." 요즘은 제조업도 아닌 것 같다는 기분이 든다. 나는 농업에 가깝게 이 일을 하고 있다. 꾸준히 뭔가를 심고 가꾸는 기분으로.

역설적이지만, 바쁘게 돌아가는 서점이 된 이유는 책방지기인 내가 게으르기 때문이다.

책방은 하고 싶은데
책방에 필요한 재능이 없다

　일본 드라마 〈중쇄를 찍자!〉는 숨 가쁘게 돌아가는 만화 잡지사의 일상을 담고 있다. 여기엔 사카구치 겐타로라는 배우가 나온다. 지금은 한국에서도 인기가 많은 이 배우가 신인 시절 이 드라마에서 맡은 역할은 잡지사 영업부의 신입 사원이었다.

　영업사원은 오프라인 서점을 직접 돌며 잡지를 홍보하고, 우리 잡지가 눈에 띄게 전시되도록 매대 조정을 요청하고, 담당자와 함께 크고 작은 이벤트도 기획해야 한다. 하지만 영업엔 영 소질이 없는 그는 서점에서 점원에게 말 붙이기도 힘들어한다. 조용히 매장을 둘러보다 사라지는 그를 서점 직원들은 몰래 '유령'이라 부른다.

　드라마가 방영되던 무렵의 내 모습이 그랬다. 출판사 영업사원이었지만, 소수의 지점을 제외하면 나머지 지점에서는 '유령'이었다. 대형 서점으로 갈수록 더 그랬다. 회사에서 결국 다른 부서로 배치되고 출판사 직영서점에 자리를 잡게 된 것은 이 '유령 모드'와 관련이 없진 않았을 것이다. 드라마 속에 나온 이 장면이 나에게는 내가 하고 있는 일에 대해 가장 큰 질문을 받은 순간이었다.

책 읽기를 좋아하는 사람과 책 모으기를 좋아하는 사람은 다르다. 그리고 책 파는 사람으로 사는 것은 더더욱 다르다. 책이 좋아 출판사에 들어왔지만 영업을 맡게 된 사람이라면 아마 이 말에 공감할 것이다. 자신 있는 책, 알리고 싶은 책이라면 얼마든지 잘 설명할 자신이 있었지만, 내가 좋아하는 출판사라고 해서 내가 좋아하는 책만 나오지는 않는다. 마케터의 눈에는 많은 사람들에게 읽힐 책이 아무래도 가장 좋은 책이다. 하지만 소수에게 읽히더라도 꼭 출간되어야 할 소중한 책도, 읽히지 않더라도 여러 사정에 의해 출간되는 그런 책도 있다. 자기 회사 책을 소개할 언어가 부족해 부끄러운 경우가 생길 줄은 몰랐다. 대형 서점과 온라인 서점에서 MD를 만나 이런 이야기를 하며 친해질 줄도 몰랐고.

"저희가 이번엔 이런 책을 냈어요. 한번 봐 주세요."

"휴.... 힘내세요. 대체 어쩌려고 자꾸 이러는 걸까요."

"그래도 누군가에게는 필요한.... 면목이 없습니다."

"솔직히 규정상은 10부도 안 받는 게 맞아요. 그래도 일단 초도 물량은 50부로 하겠습니다."

영업자가 이런 식이라면 회사 매출에도 발전에도 도움이 되지 않는다. 이런 대화가 반복되는 일이 잦아질 무렵, 더 이상 이곳에 도움이 안 된다는 생각에 퇴사 결심이 섰다. 회사에 대한 내 대답이 정해지자 나 스스로에게도 물어볼 것들이 생겼다. 과연 나 같은 사람이 책을 파는 사람으로 살아갈 수 있을까? 이런 내가 서점을 할 수 있을까? 스스로 던진 그 질문에, 나는 도무지 답을 내릴 수 없었다.

생각이 많은 사람이었던 나는, 내가 할 수 있는 책방의 모습에 대해서 내가 만든 생각들 속을 허우적대며 꿈꾸던 시간이 길었다. 실행은 더뎠다. 당시 서점들은 독서모임이나 북토크로 수익을 창출하는 것이 당연한 상황이었는데, 나에게 맞는 옷이 절대 아닌 것 같아서 고민은 더 길어졌다.

사실 북토크나 출판기념회, 저자와의 만남으로 불리는 행사들은 현장 영업보다 수월한 편이다. 적어도 여기는 저자와 친분이 있거나 저자의 책을 알고 싶은 사람들만 모이기 때문에 이야기를 나누기도 편했고 진행도 곧잘 했다. 하지만 내 서점에서라면 과연 어떨까. 내가 좋아하는 작가님들만 불러서 즐거운 시간을 보낼 수 있을까? 그 작가님들이 과연 내 서점에 올까? 이렇게나 많은 서점이 생기는데? 책방을 준비하던 무렵의 나는 이런 생각들에서 벗어나지 못하고 있었다. 수없이 새로운 이벤트를 만들어내면서도 한 가지 생각이 떠오르면 그날 바로 실행에 옮기는 수많은 서점지기들을 보면서, 내가 하는 서점은 그런 분야에서 경쟁력이 없을 거라는 생각은 더 확고해졌다.

이런 성향이다 보니 나 같은 '게으른 사람'이 할 수 있는 서점에 대해 오랫동안 고민했다. 책방은 하고 싶은데 내 재능은 책 읽는 쪽에만 모여 있는 것 같고, 그마저도 대단한 경쟁력은 없어 보였기 때문이다. 읽을마음의 지금 모습, 생일책을 모아 가는 서점이 된 모습은 스스로 던진 그런 고민들에 대한 대답이다.

생일책의 시간이 펼쳐지다

읽을마음은 생일책 블라인드 데이트 북 전문 서점이다. 때로는 서점으로, 때로는 책방으로 소개하는데 개업 7년 차인 지금도 한쪽을 정하지 못했다. 서점으로서의 정체성도 지키고 싶고 책방이라는 어감도 놓치기 싫은 게으른 욕심쟁이가 만든 장소다. 생각해보면 항상 그랬다. 책방을 낼 때도 이름을 짓지 못해 1년은 미적거렸고, 급기야는 잘 운영하고 있던 책방의 이름을 바꾸고야 말았다.

생일책 블라인드 데이트 북 전문서점이라는 소개도 마찬가지다. 읽을마음은 "나와 같은 날 태어난 작가의 책"을 소개하는 '생일책'을 주 콘셉트로 하고 있고, 그 책들을 제목과 작가를 숨긴 채 판매하고 있어서 '블라인드 데이트 북'의 속성도 가지고 있다.

책방에서는 작가들의 생일을 모으고 있다. 그렇게 모은 작가들의 생일은 책을 소개할 때 사용된다. 책 표지에 적힌 제목과 작가 정보는 새 표지를 입혀 숨겨 두고, 작가의 생일과 책 속 문장, 키워드를 대신 적어 두었다. 서가에서 날짜만 보이는 상태로 생일책을 만난 사람은, 작가의 생일과 자신이 무언가 관계가 있어야 책을 꺼내게 된다. 아주 높은 확률로, 책을 꺼내는 그 사람의 생일이다.

읽을마음에서는 같은 날짜에도 여러 권의 생일책이 있다. 작가의 생일별로 모은 소중한 책을 한 종씩 꾸준히 모아 가기 때문이다. 꾸준히 모은다고 모든 날짜의 책이 같은 속도로 모이는 것은 아니다. 어떤 날짜에는 스무 권이 넘는 생일책이 있는데, 공교롭게도 그날이 내 생일이다. 생일책 서점의 책방지기가 가진 축복인 것 같다. 처음 책방을 열 때 500여 종으로 시작한 생일책은 이제 4,000종을 넘어섰다. 찾기 힘든 2월 29일의 작가님도 네 분이나 모셨다.

지금은 사람들에게 많이 알려진 생일책. 하지만 언제나 처음은, 시작은 있는 법이다.

생일책에 관한 이야기를 처음 접하게 된 건 2015년이었다. 도쿄의 한 서점에서 생일문고라는 책장을 기획해 운영하고 있었다. 책장에는 날짜가 적힌 책들이 모여 있었고, 각각의 책 표지에는 작가의 이름과 태어난 연도, 책 제목이 쓰여 있었다.

당시 나는 조금씩 생겨나고 있는 작은 책방들의 이야기에 관심이 많았다. 출판사 마케터로서 작은 책방들을 탐방하고, 책방에 관한 책들도 모으며, '책방의 생존'이라는 키워드를 품고 있었다. 개정된 도서정가제가 동네책방에 얼마나 영향을 줄 수 있을 것인가? 동네책방은 바뀐 생태계를 적용할 역량을 갖추고 있는 걸까? 그런 생각으로 내가 사랑하는 영역을 살피던 날이 많았다. 그러다 한 책에서 '마루노우치 리딩 스타일' 서점의 생일문고 기획 인터뷰를 만났다.

나와 같은 날 태어난 누군가를 읽는 경험이라니, 생일책이라는 멋진 기획이 우리나라에도 있었으면 좋겠다고 생각했다. 그런데 왜 없을까? 금세 이유를 알 수 있었다. 한국 작가들의 생년월일은 구글에도 네이버에도 잘 나오지 않았다. 연도 정도를 찾을 수 있다면 다행이었다. 없는 데는 이유가 있구나 하는 생각이 들었다. 그 무렵 나는 출판사 내에서 부서를 옮겨 가며 출판사 직영 서점을 함께 맡게 되었다.

오래된 출판사에는 많은 거래처만큼이나 많은 작가들이 있다. 영업 일선에서 떠난 내가 속한 부서는 그 작가들의 활동을 지원하고 관리하는 부서였다. 상대적으로 외부 활동도 적어지고 직영서점에서 출판기념회 등 작가님들을 지원하는 업무도 맡게 되었다. 어느새 책상도 서점으로 옮겨졌다. '유령'은 탈출하게 되었지만 여유로운 서점을 누리며 일할 수 있을 거라는 환상에서도 탈출하게 됐다. 서점에 뭐 이리 할 일이 많아? 서점을 하는 내 모습에 대한 이상과 현실의 차이도 느꼈다. 난 박스 포장엔 재능이 있지만 택배 송장 출력은 싫어하는구나. 택배로 보낸 책이 언제 발송이 완료될지 몰라 발을 동동 구르는 것보다는 직접 책을 전해 주는 쪽을 선호하는구나. 책 3,000부를 하루에 한 사람이 옮길 수 있구나.

서점에 있으면서 책과 서점에 대한 생각은 더 깊어졌다. 어느 순간부터는 휴일이나 외근 때 동네서점을 둘러보다 보면 이 서점의 월 매출액이 대강 보였다. 다들 어떻게 버티고 있는 걸까 염려스러우면서도 한편으로는 내 서점을 운영해 보고 싶다는 묘한 생각이 들기 시작했다. 애써 스스로를 진정시키던 어느 날, 마음속에서 어떤 생각 하나가 툭 튀어나왔다. 생일책을 해 보면 어때?

없는 데엔 이유가 있구나, 라는 생각에서 멈춰 둔 것들을 다시 끄집어내어 머릿속에 펼쳐 보았다. 물론 없는 데엔 이유가 있다. 그런데 아직 없어서 '없는 이유'만 있는 거 아닐까? 있으면 '있는 이유'도 생기지 않을까?

마루노우치의 생일문고가 이룬 가능성과 한계를 분석해 봤다. 가장 먼저 눈에 띈 가능성은, 작가의 생일로 책을 소개하는 이 코너에서만 매일 수십 권의 책이 판매되고 있다는 정보였다. 상대적으로 인구가 적은 우리나라에서도 그 절반만이라도 팔릴 수 있다면 해볼 만하다는 생각이 들었다. 그리고 생일문고를 만난 어느 블로거가 소개한 문장이 너무나도 마음에 들었다. "이곳은 원하는 책을 찾는 서점이 아닌, 생각지도 못한 책을 원하게 하는 서점이다."

한계에 대해서도 생각해 봤다. 당시엔 마루노우치의 서점에서 생일문고가 잘 나가고 있을 때였기에 굳이 단점을 찾을 필요는 없었지만, 생일책이라는 기획을 나만 할 수 있는 것도 아니고 그렇다고 나만 할 수 있도록 별도의 특허 같은 것을 낼 수도 없었다. 상품의 내용물은 책이고, 출판사가 모두 다르니까 내 것이라고 묶을 수 없기 때문이었다. 그렇다면 비슷한 기획을 한 서점들이 생길 때를 대비해 나만의 무언가를 만들 필요가 있었다.

한 가지 더 고민이 있다면, 책 표지에 담긴 정보였다. 지금에 와서 말이지만, 한국에서의 생일책들이 모두 제목과 작가를 알 수 없는 블라인드 북 형태가 된 건 생일책을 외국의 언어로 접했기 때문이지 않을까? 나 역시 생일문고에 적힌 작가 이름과 제목을 바로 알아볼 수 없었는데, 그 점이 당시의 나에게는 더 매력적으로 다가왔다. 출판계에서도 국내외에서 블라인드 북에 대한 관심이 점점 높아지던 때였다.

하지만 블라인드 북의 한계도 분명하다. 블라인드 북은 사람들의 믿음과 설렘으로 완성되는데, 열어본 사람이 실망하는 일이 많아질수록 서점을 재방문할 일은 줄어든다. 작가와 책 제목을 알려주지 않는 대신 다른 정보를 제공해야 할 필요성을 느꼈다. 그렇게 마루노우치의 생일문고와 차별화된 생일책 기획의 방향을 정했다.

1. 생일은 표기하되 작가는 표기하지 않을 것.
   생각지도 못한 책을 더 원할 수 있도록.
2. 꾸준히 한국 작가의 생일을 모아 나갈 것.
3. 같은 날짜의 생일책을 서로 구분할 수 있도록,

책에 '책 속의 문장'과 '키워드'를 넣어 소개할 것.

어디서부터 손을 대야 할까. 작가의 생일도 날짜별로 모으기 어려운 상황에서 각 책의 문장들을 모아 나가는 게 물리적으로 가능한 일일까? 그런 빅데이터를 혼자서 쌓는다고? 스스로 품은 이 의문에 대한 답은 스스로 내놓게 됐다.

'더 많아지면, 영영 못 할걸?'

생일을 계속 모아나가겠다는 것은 더 많은 생일작가와 생일책이 모인다는 건데, 그렇게 365일 365권이 아닌 1,000권, 2,000권의 책이 모이게 되는 날이 오겠지. 그러면 난 그렇게 모인 책에서 문장을 골라야 하겠지. 불가능한 일이다. 결국 지금, 책방을 준비하는 이 시기가 아니면 할 수 없는 일이라는 생각이 들었다.

그때부터 주중에는 퇴근 후 작가의 생일을 찾고, 주말에는 도서관으로 출근했다. 주중에 작가 생일을 찾은 책들을 도서관에서 하나씩 찾아서 꺼내 책상 위에 쌓아 놓고, 책 속의 문장과 키워드를 고르고 정리했다. 굉장히 느리고 단조로운 작업이 이어졌다.

데이터를 모으기 시작하던 초기에는 생일책 서점을 내가 가장 먼저 해야 한다는 조급함이 있었다. 하지만 데이터를 수집하는 작업이 길어질수록 생각이 바뀌었다. '같은 생각으로 같은 작업을 하는 사람들이 분명 어딘가에 있겠지. 하지만 문장과 키워드를 같이 모으는 사람은 없을 거야.' 생일책이라는 기획은 이미 출판계에서 알려진 아이디어고, 어차피 내가 먼저 시작한들 원조를 가릴 처지는 아니었다. 원조라 불릴 자격이 있는 서점은 저 바다 건너에 있으니까.

단시간에 따라 할 수 있는 기획이라면 조금 일찍 시작했다고 원조를 운운할 자격도 주어지지 않을 테니, 그런 모순을 만들 바에야 차라리 시간을 들여 나만의 기획을 완성하는 데에 집중하기로 했다. 그러던 중 출판사 직영서점에서의 시간을 마무리하고 퇴사를 결정하게 되었고, 책방을 할 자리를 찾으면서 생일과 문장을 모으는 시간도 늘어 갔다. 인터넷 검색 결과에 다른 생일책 서점들이 보이기 시작할 무렵, 나의 책방도 기지개를 켜기 시작했다.

생일책이라는 모험

낯선 곳에서 우리에게 이미 익숙한 무언가를 만날 때, 우리는 자신도 모르게 마음을 활짝 열곤 한다. 우연히 발길이 닿은 읽을마음에서 생일책을 만나는 사람들의 마음도 그렇다. 책방이라는 공간에 익숙하지 않은 사람들이라도, 읽을마음 책방지기의 안내를 따라가다 보면 이미 익숙한 것, 바로 자신의 생일을 찾게 된다. 다른 누구도 아닌 나의 생일을 찾는 그 움직임을 통해 이미 마음을 열기 시작한다. 그리고 생일책을 눈으로 확인하는 순간 반쯤 열려 있던 마음을 마저 열게 된다.

생일책이 그것을 찾는 사람에게 특별한 존재가 되는 것은 찾는 과정이 반이다. 그래서 생일책장에 월별 구분을 붙여두지 않는다. 어디서부터가 1월인지, 내 생일이 있는 달은 어디에 있는지 책들을 살피며 책장을 찾아가는 과정 자체가 마음을 여는 과정이 되기 때문이다.

한편, 손님들이 생일책을 통해 마음을 여는 것만큼이나 서점 주인에게 소중한 것이 있다. 바로 손님들이 지갑을 여는 것이다. 서점은 사람들에게 책을 소개하는 공간의 역할도 있어야 한다. 그러나 그저 책을 소개하는 데서 끝나는 공간이 아니라는 점에서, 서점은 도서관과 다르다. 우리 서점에 들어와 공간을 누리고 책을 살펴보는 손님의 마음이 구매로 이어져야, 나도, 출판사도, 작가도 밥을 먹고 살 수 있다.

지갑을 열기 위해서는 이것이 이미 반쯤 내 것이어야 하고, 반은 내 것이 아니어야 한다. 마루노우치 리딩스타일의 생일문고에는 적혀 있던 '작가의 이름'과 '출생연도'라는 분명한 정보들을 빼고 대신 넣은 '문장'과 '키워드'라는 정보는, 제목이나 작가보다 오히려 그 책이 담고 있는 감도와 정서에 더 가까이 닿게 해 준다.

생일책을 하던 초기에 '동네에 서점이 생겼다'며 와 주신 어르신들이 한 말씀이 기억난다.
"제목도 모르는데 어떻게 사? 보여도 안 사는 세상이구먼."

옳으신 말씀 같아서 기획을 잘못 했나 잠시 흔들리기도 했다. 낯선 기획을 세상에 선보일 때 흔히 겪는 일이다. 하지만 이럴 때 기획의도의 중심이 얼마나 탄탄한지가 드러나는 법이다. 나는 사람들이 책을 구입하는 과정에서 그 책 속의 모든 이야기를 다 알고 구입하지는 않는다고 생각했다. 책이라는 물건을 알고 사기보다, 모르고 사는 경우가 더 많다. 모르기에, 알기 위해 사는 것이 책이라는 생각은 '읽을마음'이라는 이름이 품고 있는 의미와도 닿아 있다.

가려짐으로써 지갑을 열게 만드는 일은 고객의 다음 행보에도 영향을 준다. 제목도 작가도 알 수 없는 책을 집어 든 사람과 구매하는 사람 사이엔 큰 차이가 있다. 집어 든 사람은 아직 각오하지 않는다. 하지만 구매하려는 순간, 각오는 시작된다. 이제는 어떤 내용이든, 이 책을 나의 이야기로 받아들이겠다는 다짐이다. 이 마음가짐을 통해 구입한 생일책은 그 사람에게 더 소중한 것이 된다.

하지만 설렘에도 불구하고, 만약 결과물이 마음에 들지 않는다면 우리 책방을 다시는 찾지 않을 것이다. 그래서 읽을마음의 문장과 해시태그가 더욱 중요한 역할을 한다. 문장은 책이 전하고자 하는 세계의 한 조각을 건네고, 키워드는 그 문장이 놓인 맥락을 어렴풋이 밝혀 준다. 생일이라는 우연한 연결고리로 펼쳐진 책의 세계 앞에서 독자들은 문장과 키워드라는 힌트를 통해 자신의 것으로 삼기로 결심한 책을 향한 호기심과 신뢰를 동시에 품게 된다. 결국 블라인드 북의 핵심은 '숨김'이 아니라, '어떻게 보여줄 것인가'에 있다. 날짜별로 여러 권의 생일책을 둘 수 있기 때문에, 소비자는 그중에서 자신과 주파수가 맞는 책을 선택할 수 있다. 책방의 책임은 조금 더 줄어들고, 선택에 아쉬움이 남더라도 다른 날짜에 다시 기대를 걸어볼 수 있는 여지가 생긴다. 물론 실패율이 낮으면 낮을수록 좋기에, 생일책 안에 좋은 책들만 남도록 꾸준히 데이터를 추가하고 삭제하며 보완 작업을 거치고 있다.

만약의 사태(?)에 대비해 나는 책방 소개 TMI에 다음과 같은 문장을 추가해 두었다. TMI를 유심히 읽는 손님들이 갑자기 웃으며 함께 온 일행을 쳐다볼 때가 있는데, 항상 이 대목에서다.

"선물하신 책이 마음에 안 들까봐 걱정하지 마세요. 대신 선물받은 분과 둘이서 책방지기를 욕하시면 됩니다. 욕먹지 않기 위해 더 좋은 책을 계속 준비해 나가겠습니다."

책을 팔고 싶은 공간,
책이 머물고 싶은 자리

　방문자는 많지만 판매량이 적어 한탄하는 책방지기들의 푸념을 종종 듣는다. 하루 백 명이 다녀갔는데 매출은 몇만 원이라는 이야기도 들었고, "오늘 온 사람들에게 입장료만 받았어도 책방 운영이 가능했겠다."는 말도 들었다. 번화가에 자리한 책방일수록 이 문제는 더 심각하다. 서점이 예쁘면 더 그렇다.

　일반적인 소매점의 경우, 누구나 들어올 수 있는 공간이어야 좋다. 그래서 1층을 선호한다. 구매확률이 낮더라도 방문자 수가 많으면 전체 구매액은 늘어나니까. 하지만 파는 물건이 책이라면 이야기는 조금 달라진다. 모든 사람에게 열린 분위기의 서점이 된다고 해서 책 판매가 정비례해 높아지는 것은 아니다.

책이 가진 물성에는 두 가지 특징이 있다. 첫째, 유통기한이 없고, 음식처럼 온도나 습도에 민감하지 않다. 둘째, 그럼에도 불구하고 '운반 과정'과 '전시 과정'에서 생긴 흠집이 상품 가치를 떨어뜨릴 수 있다는 점이다.

운반 과정에서의 손상은 다양하다. 다른 책과 함께 배달되다 표지가 찢어지거나 책등, 페이지에 얼룩이 생기면, 새 책을 원하는 소비자는 대개 다른 책을 고른다. 서점에서 판매가치가 없다고 생각되어 반품된 책은 출판사로 돌아가고, 출판사 물류 창고에서는 이렇게 돌아온 책에 '재생작업'을 시도한다. 얼룩을 제거하는 작업이다. 때로는 종이를 살짝 갈아서 해결하기도 한다. 하지만 이렇게 해결할 수 없는 책의 경우 폐기해야 한다.

전시 과정에서도 훼손은 일어난다. 2010년대 들어 서점이라는 공간은 '책을 사는 곳'에서 '독서문화를 누리는 곳'으로의 변화를 경험했다. 일본 츠타야 서점으로부터 시작된 이 공간의 변화는 교보문고가 책 읽는 공간과 인테리어에 대대적 변화를 시도함으로써 한국 출판계에 엄청난 변화를 일으켰다.

독자 입자에서는 좋은 변화였지만 출판사 입장에서는 곤란해졌다. 서점에 판매한 책이 '누군가 읽어 본 손길'을 가진 채로 물류센터로 돌아왔기 때문이다. 앞선 운반과정에서의 손실 재생작업과 달리, 서점 테이블에서 고객이 읽다 만 책은 재생작업 자체가 어렵다.

운반 과정에서 생긴 흠집의 경우, 서점에서 그런 책을 만나면 일부러 구매하는 감사한 고객들이 있다. 하지만 불특정 다수의 손길이 닿은 흔적이 있는 '전시 과정에서의 손상'이 남겨진 책은 거의 구입하지 않는다. 결국 이런 책들이 반품될 경우, 출판사는 자체 폐기를 결정한다.

출판사 입장에서 작은 책방들을 돌아다녀 보니, 동네책방들도 출판사와 비슷한 고민을 겪고 있었다. 대형서점과는 달리 책 반품에서 자유롭지 못하기 때문이다. '책 문화를 향유하는 공간'에 대한 생각을 갖고 작은 책방을 시작한 책방지기들은 위에서 구구절절 설명한 '손상되는 책'에 대한 문제를 먼저 접하게 된다. 회전율이 높고 손님이 많고, 매대에 깔려 있는 책이 열댓 권 이상 판매되는 대형서점과 달리 한 동네책방 매대에 깔린 책은 한정되어 있다. 두세 달 동안 동네책방의 매대를 차지하고 있는 책은 그리 자주 바뀌지 않고,

그 책들 또한 두세 권 이상 팔리지 않는다.

이러한 차이로 황새 따라가려던 동네책방은 뱁새가 된다. 누군들 내가 만든 책방에서 여유롭게 책을 읽고 한 권의 책을 골라 책방을 나가는 모습을 그리며 책방을 열지 않았을까. 하지만 그렇게 손상되는 책들이 책방 곳곳에 차곡차곡 쌓여 가는 모습을 보다 보면 책방지기의 심정은 달라진다. 책방지기에서 소상공인으로 진화하는 순간이 찾아온다.

작은 책방이 가진 이런 딜레마를 내가 하는 책방 공간에서 먼저 해결해 보고 싶었다. 출판사와 독자, 서점과 작가가 모두 웃을 수 있는 길을 만들어 가고 싶었다. 창작자와 제작자를 위해 조금 더 책을 잘 파는 동네책방이 되고 싶었고, 그러면서도 소비자들이 온라인서점으로 책을 주문하는 것보다 '실패'를 덜 하는 곳, 대형서점에서의 막막함을 덜어줄 수 있는 '큐레이션'이 있는 동네책방을 하고 싶었다. 책방 운영을 준비하는 내내, 언젠가는 내가 만든 책방이 그런 공간이 되길 기대했다.

노동의 가치가 선물이 되는 서점

　서점과 출판사는 '면세사업장'이다. 말만 들으면 마치 세금과는 무관한 공간 같은 착각이 든다. 아주 틀린 말은 아니지만 정체를 알고 보면 조금 아쉬울 수도 있다. 여기에서 말하는 면세란, '부가가치세(이하 부가세)'에 관한 부분이다.

　우리나라에선 영수증에 제품 가격과 부가세가 알아서 합쳐져 나오기에 부가세에 대한 인식이 크지 않은 편이다. 보통 우리가 10,000원짜리 물건을 구입하면 9,091원의 상품에 909원의 부가세가 포함된 가격이다.

　이 부가세는 사실 '소비자'가 내는 세금이다. 소득세처럼 체감이 되지 않는 세금이다 보니 '간접세'라고도 한다. 그럼 이 세금을 왜 매장이 가져갈까? 사실은 가져가지 않는다. 매장에서는 일 년에 두 번 부가가치세 신고를 하며 이 돈을 반납한다. 사업자 입장에서는 당연히 내야 할 돈임에도 마치 줬다 빼앗는 기분이 드는 돈이기도 하다.

하지만 책이라는 물건은 부가세가 면세되는 상품이다. 그래서 책을 전문으로 만드는 출판사, 책 판매만 전문으로 취급하는 서점은 부가세와 관계가 없는 사업장이기 때문에 '면세사업장'으로 분류된다.

책이 이렇게 특별한 취급을 받는 이유는, 국민의 삶에 있어 필수적인 상품으로 취급되기 때문이다. 이런 면세상품은 가공하지 않은 농산물과 축산물, 가공이 들어가더라도 생활필수품인 물건에 적용된다. 연탄과 생리대 같은 품목들이다. 그리고 수도세 등의 필수적인 비용에도 적용되고, 도서관이나 박물관, 미술관과 같은 문화공간에도 적용된다. 책은 어디에 적용될까? 아마 둘 다일 것이다. 돈이 있는 사람이든 없는 사람이든, 대한민국에 있는 사람이라면 책이라는 물건을 향유할 수 있도록 만든 공간, '도서관'이 있기 때문이다.

저작권이라는 개념이 있는 품목 중에 책은 유일하게 새로 나온 책을 동네 도서관에서 빌려 볼 수 있는 상품이다. 새로 나온 영화나 새로 나온 음악을 무료로 서비스하는 공간이 있다면 어떻게 될까? 음악의 경우 스트리밍 서비스를 통해 수익배분 문제가 해결되었고 영화는 OTT사이트들을 통해 선공개되며 장벽이 줄어들긴 했지만, 그것이 영화사와 음악제작사의 이익추구에 도움이 되는 방향이기에 움직일 수 있는 것이다.

반면, 책은 ISBN이 붙은 출판물이라면 모든 도서관에서 구입 및 비치가 가능하다. 일반적인 상품이라면, 새로운 콘텐츠를 방금 생산해 낸 출판사 입장에서는 내키지 않는 부분일 것이다. 하지만 책이라는 물건은 돈이 있든 없든 국민들이 볼 수 있어야 한다는 사회적 합의가 있기에 출판사는 거기에 동의하고 출판문화진흥원을 통해 서지정보를 등록해 도서관이 책을 비치할 수 있게 한다.

서점도 마찬가지로 불만이 있을 수 있다. 도서관에서 빌려 볼 수 있는 물건을 판매해야 한다니, 생각해보면 불가능한 경쟁의 영역이다. 서점을 하겠다는 건, 그 불가능한 영역에 뛰어들어서 '내 서점에서 책을 살 이유'를 만들어 가겠다는 결심을 하는 것이다. 시작할 땐 인식하지 못했더라도 어쩔 수 없다. 서점업으로 사업자등록을 할 때 자신도 모르게 합의한 일이다.

이렇게 도서관이라는 공간은 출판사와 서점과 정부, 소비자와 독자의 상호합의가 성립되어야만 존재할 수 있는 공간이다. 그래서 서점과 출판사는 면세업종이 되어 있다.

하지만 면세사업장이 부가가치세에 대해 마냥 유리하지만은 않다. 부가가치세를 맡아두었다 부가가치세 신고를 통해 돌려내는 과세사업장들은, 다른 소비자와 마찬가지로 자신도 부가가치세를 내고 물건을 산다. 이 과정에서 '이중과세'가 된다. 내가 생선을 살 때 부가가치세를 냈는데 내가 판 생선요리의 부가가치세는 돌려내야 하니까. 그래서 과세사업장은 사업을 하며 소비한 부가가치세를 돌려받을 권리도 함께 있다. 경우에 따라서는 부가가치세를 내는 것보다 돌려받는 금액이 클 수도 있다. 이렇게 소비하는 부가가치세 중에는 매달 내는 상가 임대료도 포함된다.

책만 취급하는 서점이라면 부가가치세와 무관한 상품을 구입하니 부가가치세를 돌려받을 것도 없다. 하지만 면세사업장의 특징은, '부가가치세를 돌려받을 일이 없으니 아예 돌려받는다는 조건이 삭제'되었다는 데에 있다. 다시 말하자면, 면세사업장에서 사업장 이름으로 구입한 모든 물건에 대해 면세사업장은 단 한 푼의 부가가치세도 환급받지 못한다. 따라서 서점의 임대료가 100만원이고 부가세가 10만원이라면, 옆집들은 110만원을 내고 10만원을 돌려받지만 서점은 임대로 110만원 그대로 내야 한다는 말이다. 아쉽지만 어쩔 수 없는 부분이다.

부가세를 내지 않는 경우도 있는데, 건물주가 간이과세자라면 가능하다. 간이과세자는 세금계산서 발급 의무가 없으므로 부가세를 받지도 않고 내지도 않는 면세사업장과 비슷한 상태가 된다. 이 경우 세입자는 부가세를 내지도 않고 받지도 않게 되므로 서점처럼 면세사업장인 경우 건물주가 간이과세자인 곳을 찾는 게 유리하다.

무슨 소리일지 모를, 관심이 없었을 이야기를 네 페이지에 걸쳐 읽어 주신 여러분들에게 감사하며, 이 단락을 길게 쓰는 이유는 '또' 생일책 이야기를 하기 위해서였다. (게으른 책방지기의 사유는 게으름만큼이나 길 수밖에 없다는 걸 양해해주시기 바라며, 세 페이지만 더 읽으면 드디어 책방이 시작하는 이야기가 나온다고 응원을 보낸다.)

서점이 면세사업장인 이유는 면세품인 책을 팔기 때문이라고 말했다. 그렇다면 서점에서 제공하는 다른 서비스나 재화의 경우에는 어떨까?

　서점에서 커피나 술을 판다면? 당연히 부가세를 내야 한다. 면세사업장으로는 할 수 없고, 과세사업장을 낸 다음 '업종에 서점을 추가하는 방식'으로 정상적인 과세가 이루어진다. 서점에서 하는 유료 문화행사는 어떻게 되는 걸까? 당연히 과세의 영역이다.

　이 면세와 과세의 차이 때문에 크고 작은 문제들이 생겨나고 있다. 서점을 어디까지로 봐야 하는가의 문제가 첫째다. 매출의 10%도 도서 판매로 이루어지지 않는 공간에 서점을 위한 지원사업 자격을 부여하는 것이 옳은가에 대해서 관련단체들은 아직도 답을 찾아 가는 중이다. 글쓰기 모임이나 강연이 주수입인 서점이 책만 파는 서점보다 책 문화 활성화에 더 도움이 된다면, 그곳을 서점으로 인정하지 않을 수도 없는 노릇이니까.

　책방을 시작하기 전부터 이 부분에 대해 고민을 했다. 당시는 동네책방이라는 개념이 아직도 생소할 때여서 아주 유명한 작가님들도 작은 동네책방에서의 북토크를 흔쾌히 받아들였고, 출판사에서도 동네책방에서의 작은 북토크를 장

려했다. 하지만 동네책방이 크게 늘어나며 이것도 문제가 됐다. 모든 책방에서 유명한 작가를 부를 수는 없었고, 작가와 출판사들도 작은 책방에서의 북토크가 예전처럼 큰 파급력이 없어 보였다. 직접 운영했던 출판사 직영서점에서의 경험도 고민에 한몫을 더했다. 북토크가 생각보다 책 구매로 크게 이어지지 않았던 것이다.

그래서 내가 하는 책방은 시작부터 북콘서트나 음료 매출을 거의 포기했다. 이러니 게으른 책방지기라고 표현할 수밖에. 결국 나는 더 이상의 고민 없이 면세사업장인 서점, 책만 파는 서점을 준비하게 됐다. 그래서 생일책에 집중할 수 있었고, 집중해야만 했다. 책 파는 것 외에는 수익을 낼 수 없는 구조를 스스로 선택한 셈이니까.

하지만 생일책을 포장하는 '포장비'를 붙이는 것은 면세의 영역이 아니다. 누군가는 내 노동력에 대한 대가를 당당히 받아야 한다고 여길 수도 있겠지만, 면세상품에 '서비스업'의 가치를 추가로 부여하려면, 즉 포장비를 별도로 받으려면 부가가치세를 내는 과세사업장을 하는 게 맞다.

서점계에서는 아직까지 이 부분에 대한 인식이 크지 않

다. 워낙 미미한 금액이라 국세청에서도 신경 쓰고 있지 않겠지만, 내 책방이 더 큰 규모가 된다면 분명 문제가 될 영역이라고 생각했다. 오랜 고민 끝에 나는 내가 가져갈 수익은 책이라는 재화에 부여된 영역 내에서 만든다는 철칙을 고수하게 됐다. 포장하지 않은 책은 10% 할인을 하고, 포장된 생일책은 정가를 받았다. 당연히 포장비는 책 가격의 10%를 넘으면 안 됐고, 나의 노동의 대가를 그 안에 녹여내려면 포장비가 5% 내외여야 했다. 그래서 항상 좋은 포장과 저비용을 고민하며 포장에 변화를 주고 있다. 읽을마음의 북커버에는 그런 짠내 나는 고민들이 스며 있다.

'서점'이라는 이름이 주는 공간에 대한 인식도, '책'이라는 상품 자체에 대한 가치도 지키고 싶다. 그래서 읽을마음은 오늘도 책만 파는 서점으로 살아남기 위해 최선을 다해 '세무서에서는 인정받지 못하는 서비스'를 담는다. 하지만 그 서비스 덕분에 한 권의 책이 팔리고 한 사람의 작가가 인세를 받을 수 있다면, 기쁜 일이다.

면세에 관한 이야기로 시작해 생일책 포장으로 끝나는 이유는, 책 포장과 부가가치에 대한 질문을 종종 받기 때문이다. 아마 말은 하지 않아도 내 책방에 대해 답답해하는 사람들도 많을 것이다. 왜 다른 서점들처럼 책 포장에 부가가치를 내서 키울 생각을 하지 않냐고.

그런 질문들에 내가 어디서 과세가.... 면세가.... 하며 이런 긴 이야기를 할 수 있을까. 누군가 정말 궁금한 분들을 위해 여기에 이렇게 기록해 둔다.

서점, 시작했습니다

 가끔씩 책방지기들이 한 자리에 모이는 작은 모임들에 갈 일이 있다. 나보다 한두 해 늦게 책방을 연 책방지기님들도 어느덧 훌륭히 각자의 영역을 구축해가고 있는데, 지금도 가끔씩 책방을 시작할 무렵의 시간을 돌아보게 하는 이야기가 모임 가운데에 끌어올려지곤 한다.

 "사장님 블로그 글 보고, 위로도 되고 도움도 되고 그랬어요. 본인은 많이 힘드셨겠지만."

 생일책에 대한 고민, 공간에 대한 고민, 운영에 대한 고민이 날것으로 올라가 있던 내 블로그에는 책방지기가 홀로 책방을 만들며 분투한 기록이 남겨져 있다.

 처음에는 문래동에서 책방을 열려고 했다. 부푼 꿈을 안고 책방 자리를 알아보았으나 여러 가지 사연으로 마음에 드는 자리를 찾지 못했다. 이 때 이야기는 책에는 쓰지 못하고 어디 강연에서나 가끔 하게 되는데, 책방 이름을 짓고 로고를 만들고도 반 년 동안 책방을 할 자리를 찾지 못한 시간은 정말이지 다시는 돌아가고 싶지 않은 시간이다.

그러다 선물처럼, 내 생일에 첫 책방을 할 자리가 찾아왔다. 2018년의 뜨거운 여름 끝에서, 발품을 팔다 지쳐 토스트를 사 먹으러 가는 길이었다. 토스트가게가 완전히 철거되어 있었고, 대로변 코너 자리인데 권리금도 붙어 있지 않았다. 그곳에서 꿈꾸는 별 책방이라는 이름으로 처음 책방을 시작했다.

계약을 마치고, 다시 한 달 동안 '너무 구구절절해서 책에는 못 쓰고 강연에서나 가끔 말하게 되는' 시간들을 거치고 한글날에 책방을 열었다. 생일책 서점을 해야 하는데 1월 1일부터 한 권씩 포장을 시작해야 하는 막막한 시간이자, 도착한 책 무더기를 책장에 꽂던 설레는 시간이었다. 첫 책방에는 토스트 가게에서 두고 간 자동문이 달려 있었다. 문이 열리던 시간의 풍경, 첫 손님의 모습은 잘 기억나지 않지만, 고요 속에 머물러 있던 책방의 문이 버튼 하나에 열리며 '딸

랑'소리와 함께 바깥 도로의 소음, 그리고 손님이 함께 책방을 채우던 소리만은 지금도 생생하다.

책방의 힘든 시간들을 모두 겪은 공간이었다. 책방 근처 주택가는 뉴타운이 만들어진다며 구역을 나누어 철거되어서 7년이 지난 지금도 철거와 건설이 반복되고 있는데, 책방을 열고 2년 동안 2만 명의 주민이 떠났다. 길가에 오가는 사람들이 줄어들고, 나름의 살길을 만들어갈 무렵에는 팬데믹이 찾아왔다.

충분히 단단해져 있다고 생각했지만 아직 여린 시간. 내가 만든 책방은 거기까지였다. 생일책이 만들어 가고 동네에서 자리를 잡아갈 무렵부터의 일들은 기적과도 같아서, 여기에 쓴다면 장르가 신앙서적으로 바뀔 것 같다. 그때부터는 내가 만든 책방이 나를 만들어가기 시작했으니까.

Part 2.
책방이 만든 책방지기

마음 바깥에서 만난 마음

 일정을 마치고 책방으로 돌아가는 길. 버스를 잘못 탔다. 2번 버스를 타야 하는데 급한 마음에 막 도착하고 있는 3번 버스를 탄 것이다. 자주 방문하는 도서관 앞에서 내렸다. 날씨가 맑고 아직 선선해서 버스를 잘못 타길 잘했다는 생각이 들었다.

 가까운 지하철역으로 가며 횡단보도 신호등 앞에서 멈췄다. 옆에 있던 할아버지가 아는 체를 해서 보니, 책방에 종종 오시는 손님이었다. 이전하기 전 책방에도 자주 오셔서 책방을 한 바퀴 둘러보시고, 가끔 책을 사지 않는 날에는 꼭 미안하다는 말과 함께 나가시는 손님. 이달 초에는 오랜만에 책방에 방문하셨는데 빈손으로 나가기가 그랬는지 보급판 도서 한 권을 들고 가셨다.

병원에서 건강검진을 받고 돌아가는 길이라며 이야기를 나누다가 함께 지하철을 탔다. 한 정거장 가는 동안 이런저런 이야기를 주고받았다. 건강에 대한 이야기, 책방에 관한 이야기. 병원에서 건강검진 대기시간에 다 읽었다며 책 한 권을 꺼냈다. 젊은작가상 수상작품집. 지난번 사 가셨던 바로 그 책이다.

사실 추천하기 조심스러운 책이었다. 계산대로 가져오셨기에 판매는 했지만, 가장 최신 트렌드를 반영하고 있는 젊은 작가들의 소설이 70대 남성에게 얼마나 와 닿을까 생각하니 결제를 할 때도 조금 멈칫했다. 그런데 다 읽으셨다니.

"취향에 맞으셨어요?"
"잘 이해가 안 되더라고요. 그래도 해설이 같이 나와 있어서 해설 읽어가면서 다 읽었어요."

책방으로 돌아와 젊은작가상 수상작품집을 펼쳐 들었다. 소설보다 해설이 더 어려웠다. 평소에는 해설을 건너뛰며 읽던 소설집이었지만 해설에서 배울 점이 많다는 걸 배웠다. 그나저나 손님은 주작, 많관부, 이런 단어들을 어떻게 해석하셨을지.

책 읽는 사람들이 모이는 도서관에서는 가끔 책 외에도 다른 문화행사가 열린다. 그곳에서 작은 음악회와 낭독극을 진행하시는 분이 놀라는 모습을 본 적이 있다. 책 좋아하는, 조용조용한 사람들이 모인 곳에서 어떤 무대보다 대답도 많고 호응도 좋아서 힘이 난단다.

사실 이상하지 않은 일이다. 상상할 수 있는 모든 소리와 색채, 구도를 먹여 주는 다른 콘텐츠와 달리, 책을 읽을 때는 독자가 그 모든 것을 상상해 내야 한다. 책을 한 페이지 펼친다고 상상도 환상적으로 펼쳐지진 않는다. 어떤 서점의 이름처럼, 어떤 책은 77페이지 정도는 읽어야 이야기 속 상황에 몰입이 되고 등장인물과의 공감대가 형성된다.

그래서 나는 책을 읽고 책을 사랑하는 사람들에게 공통적으로 우리 책방의 이름, 읽을마음이 있다고 믿는다. 수줍고 작은 목소리가 모여 대답과 큰 호응을 만들어내는 도서관에 모인 사람들도, 지하철에서 만난 어르신 손님도 전혀 모르던 누군가의 이야기를 읽을 마음을 지니고 있기에 책 읽는 사람들이 모인 자리는 따뜻하다.

손질하지 않은 머리. 노신사라고 불러드리기엔 너무도 스포티한 복장, 책방에 있는 다른 손님들이 깜짝깜짝 놀랄 만큼 높고 탁한 목소리. 그럼에도 그가 반가운 손님인 이유는, 그가 읽을마음에 들어서기 전부터 읽을 마음을 지니고 있기 때문이다.

당신의 사진 속 케이크 찾기

생일을 모으는 서점의 일상은 조용히 분주하다. 모든 자영업자가 그렇듯이 하루의 어떤 시간은 노동자로 살고, 어떤 시간은 사용자로 살아간다. 노동자인 나는 주문한 종이를 인쇄해 책에 맞게 접어 북커버를 만들고, 손님을 응대하고, 빠진 책들을 채워 넣는다. 사용자인 나는 서점에서 일어나는 여러 일들 사이에 조금은 특별한 우리 서점만의 일을 한다. 바로 작가의 생일 찾기.

생일을 모으는 일이 어려운 이유는 내가 원하는 결과물이 바로 나오는 작업이 아니기 때문이다. 생일을 모아 간다고 모든 날짜가 균등하게 채워지는 것도 아니고, 내가 원하는 날 작가가 태어나 주는 일은 없으니까. 다른 사람들은 게임에서 금맥을 찾아 캐거나 암호화폐를 채굴하며 시간을 보내기도 하는데, 나는 데이터 대신 데이트, 누군가의 생일을 마이닝하고 있다.

　우리 서점에서 가장 오랫동안 찾아다닌 작가는 11월 2일에 태어난 작가였다. 폴 존슨의 『지식인의 두 얼굴』이라는 책을 찾긴 했지만, 생일책으로 넣기는 쉽지 않은 내용이었다. 그러던 어느 날 프라하에서 태어난 체코 작가 레오 페루츠를 발견했다. 구글에 그의 이름을 검색해서 나온 '11월 2일'이라는 결과물에 만세를 불렀다. 지금은 새로운 외국 작가도 한 명 찾고, 출판사에서 생일을 전해 준 작가님 중에도 11월 2일의 작가가 있어서 풍족한(?) 편이다.

　하지만 모은 생일이 많아졌다고 그대로 멈춰 있을 수는 없다. 한국의 책 시장은 다품종 소량 생산으로 전환되어 예전처럼 책의 수명이 길지 않다. 조금만 방심하면, 신나게 팔던 생일책이 어느 날 '절판' 또는 '품절' 상태가 된다. 읽을마음 책방이 조금 더 이 책을 팔아줬다면 조금 더 그 책의 생명을 연장해 줄 수 있었을 텐데 싶은 아쉬움도 잠시, 같은 날 팔 수 있는 책이 충분히 있는지 확인해 보게 된다. 그래서 생일책을 모으는 작업은 끝이 없다. 책방을 하는 동안 끊임없이 계속될 일이다.

그렇다면 작가의 생일은 어떻게 모을까? 가장 직접적인 방법은 작가에게 직접 물어보는 것이다. 시간의 여유가 있던 '책방 준비생' 때는 북토크를 신청해 직접 찾아가며 작가들의 생일을 모으기도 했다. 책방을 열고 나서는 메일과 SNS 메시지를 적극적으로 이용했다.

책방에 대해 이야기하는 자리에서 작가에게 직접 물어봐 생일을 알아낸다고 하면 많은 사람들이 신기하다는 반응을 보인다.

"작가들이 그 연락에 대답해 주나요?"

아무래도 독자 입장에서 작가란 존재는 아직 가까이하기엔 먼 존재인 것 같다. 하지만 대부분의 작가들, 유명하고 유명하지 않고를 떠나 그들 대부분은 내 연락을 받으면 굉장히 기쁨을 표하며 생일을 알려 준다. 작가도 사람이고, 자신과 같은 날 태어난 누군가에게 자신의 책이 전달된다는 기쁨은 독자만큼이나 크다. 오히려 그동안엔 어떤 접점도 없었던 미지의 독자, 어쩌면 평생 내 책이 닿지 않았을지도 모르는 그 독자에게 자신의 책이 전해진다는 것에 더 크게 감사하는 편이다. 한 작가님의 답장을 소개한다.

안녕하세요, 책방지기님.
비 오는 월요일 편안하게 시작하셨을까요?
저를 떠올려주시고 연락 주셔서 감사합니다.
책 주문도 기쁘고요!
다정한 컨셉의 책 큐레이션이
많은 독자분들에게 사랑을 받고 있는가 봅니다!

저의 생일은 11월 27일입니다.
여름이라면 좋았을 텐데, 저는 겨울아이네요??
도움이 되기를 바라며!
독자분들에게 이 블라인드 책이 기쁨이 되기를요!

서울은 장마가 시작되었는데,
부디 몸과 마음 편안하시기를.

감사합니다!

　　　　　　　　　　　　　여름사람,
　　　　　　　　　　　　　○○○ 드림.

　이렇게 작가와 직접 소통하며 생일을 모으고, 그 생일을 독자에게 전달하는 일은 항상 즐겁고, 이렇게 따뜻한 메일을 받는 날이면 더더욱 그렇다. 이 작가님의 생일에는 한국인 최초로 노벨문학상을 수상한 작가님도 태어났다. 다른 서점에서라면 그 책이 더 많이 보이겠지만, 읽을마음 생일책 속에서라면 공평하게 한 권씩이다. 물론 또 다른 작가님은 여러 권의 책을 냈기 때문에 생일책도 여러 권 들어 있지만, 유명세에 따른 선택은 아니다.

하지만 메일 주소나 작가의 인스타그램 주소를 알 수 없는 경우가 더 많다. 외국 작가들의 경우는 공식 홈페이지를 갖고 있는 경우가 많아 그쪽으로 연락을 하기도 하지만, 한국 작가들의 개인정보는 더 꼭꼭 숨어 있는 것 같다. 이런 경우 대부분의 책은 우리 책방과 인연이 아니려니 하며 넘어가지만, 정말 알고 싶은 책이 자꾸 눈에 밟히면 출판사로 연락을 취한다. 출판사로 간 연락은, 연락을 받은 담당자의 의지에 따라 결과가 많이 달라진다. 책방의 취지에 충분히 공감하는 담당자를 만나면, 그 출판사의 책들은 생일책으로 모으기가 한층 쉬워진다.

그럼에도 방법이 없다면, 그런데도 계속해서 날 유혹하는 책이 있다면 어떨까? 그런 책들은 온라인서점 장바구니에 넣어두고, 기다릴 수밖에 없다. 가끔 시간이 날 때 장바구니를 열어 보고, 혹여나 작가의 연락처가 생겨 있진 않을까 다시 검색도 해 본다. 가장 애타는 경우는 작가의 인스타그램 주소가 있는데 다음의 문구가 붙어 있는 경우다. "DM은 확인하지 않습니다." 닿을 수 있을 것 같은데 닿을 수 없는 작가님이다.

　반대로, 책 이야기를 올리고 작가님의 생일이 궁금하다는 글을 적어둔 피드에 작가님이 댓글을 달아 생일을 알려 주시는 경우도 있다. 닿을 줄 몰랐는데 닿은 작가님인 셈이다.

　어느 날에는 너무도 생일이 궁금한 작가의 인스타그램 게시물 속에서 탐험 아닌 탐험을 했다. 수천 개의 게시물을 올려둔 사람. 적어도 수천 개 중에 '생일 케이크' 사진이 하나는 있지 않을까? 그렇게 한 번에 아홉 개씩 로딩되는 인스타그램 피드를 끝없이 스크롤하다 보니, 5년 전에 찍어 올린 생일 케이크 사진이 있었다. 사진과 함께 등록된 본문에서 작가의 생일을 확인할 수 있었고, 공개적으로 생일을 밝힌 흔적이 있기에 우리 책방의 소중한 생일책으로 데려올 수 있었다.

　이렇게 소중히 모아 가고 있는 생일들은 책방의 가장 큰 자산이다. 책방에 불이 난다면 가장 먼저 챙겨야 할 것은 책이 아닌 생일 데이터라고 말할 정도다. (물론 정기적인 백업은 필수지만.) 모으는 시간이 길고, 원하는 대로 모이지 않는 만큼 그 소중함도 크다.

　여전히 내가 팔로우하는 인스타 계정 중에는 생일도 알

수 없고 연락도 닿지 않는 작가들이 있다. 작가님의 생일을 여쭤보고 싶은 마음이 굴뚝같지만, 댓글로 남기기엔 예의가 아닌 것 같아 망설이며 팔로우하는 분들이다.

 기다림이 큰 만큼 결과도 달콤하지 않을까? 나는 오늘도 그 작가의 공간에 케이크 사진이 올라오는 순간을 기다린다. 케이크 위에 불빛이 환하게 빛나고 있고, 케이크 사진 너머 당신의 웃는 모습이 보인다면 아마 그날이 우리 서점과 당신이 이어지는 날이 아닐까.

책방, 그리고 손님

책방을 막 열었을 무렵, 『그런 책은 없는데요』의 저자 젠 캠벨의 생일을 알게 되었다. 자연스레 첫 주문 때 이 책이 도착했고 정말 재미있게 읽었다. 이어서 『제목은 기억 안 나지만 표지는 파란색이에요』의 저자 일리아스 그리그의 생일도 받았다. 두 책방지기의 책에는 다양한 손님들 사이에서 일어나는 크고 작은 에피소드들이 담겨 있다. 그들의 책방을 찾는 손님들의 엉뚱함에 웃음이 났다. 그리고 책 소개 해시태그에 이렇게 붙였다. #우리서점엔없기를

이상한(?) 손님의 등장은 책방지기에게 생각보다 큰 좌절감을 불러일으킨다. 내가 책방 초기에 책 읽는 공간을 아예 두지 않았던 건, 작은 책방에 머무는 특이한 손님들을 몇 차례 목격하거나 경험했기 때문이었다. 한 책방에서는 아침부터 저녁까지 책방지기가 가장 탐낼 자리에 노트북을 켜고 앉

아 작업을 하는 손님이 있었고, 마음 약한 책방지기는 그 모습을 보며 어쩔 줄 몰라 하고 있었다. 우리나라에서 가장 잘 나가는 동네책방 중 하나에서는 동네 할아버지가 음료 한 잔을 시키고 책방지기에게 끊임없는 질문공세를 하고 있었다. 잘 나가는 책방답게 책방지기님은 자기 일들을 처리하면서도 그 질문을 여유 있게 받아내고 있었지만, 나는 그 손님과 십오 분만 있더라도 책방을 영원히 닫고 싶을 것 같았다. 출판사 직영 서점을 운영하던 때는 새로 들여온 수백만 원짜리 우드슬랩에 어느 집 반려견이 누워 자고 있었다. 견주는 "집이 더워서 아이가 잠을 못 자 잠깐 와 있다"며 "여기는 동네 사람들을 위한 문화공간 아니냐"고 따졌다. 당신 서점도 아니지 않냐는데 직원인 내가 할 말은 없었다.

그래서 책방을 열 때는 일단 책 읽는 공간을 없앴다. 하지만, 과연 이걸로 충분할까? 방문하는 손님들 중 내가 계산 가능하고 이해가능한 영역의 손님만 오지는 않을 테니 걱정이 됐다. 그래서 위에서 소개한 책방지기들의 책들을 재미있게 읽으면서도 '제발….'이라는 생각이 들었던 것이다.

하지만 지금까지 책방을 하며 돌아보니, 우리 책방에 이상한 손님은 거의 없었다. 아니, 내 각오보다도 훨씬 더 없었다. 이상한 손님은 손님이 아닌 경우뿐이었다. 커피 한 잔을 대접했더니 이곳을 성경 공부 장소로 쓰고 싶다고 매주 찾아오던 목사님 둘과, 사이비 종교 사람들이었다. 그들의 속셈을 알고 있던 나는 '내가 성경공부 하러 갈 테니 교회 위치를 알려 달라'고 말해도 절대 교회 이름을 말하지 않았다. 코로나19가 지나갈 무렵 그들은 자리를 옮긴 서점에 차례차례 다시 모습을 드러냈는데, 알고 보니 셋 다 같은 사이비 종교 일원이었다. 근처에 있는 어머니 가게에서 내 명함을 받아올 정도로 치밀했던 그들은, 몇 년 동안 회유에 성공하기는커녕 아무 소득이 없자 언젠가부터 오지 않았다.

이런 종류의 방문객을 제외하고, 책방이 목적인 진짜 손님들은 오히려 나에게 친절한 편이었다. 그 이유를 나는 오래 궁금해했다. 일단 가게 주인 인상이 험악해서 진상질을 안 받아줄 것 같은 문제가 있겠지. 그런데 이게 다일까?

그 이유에 대해 생각해본 결론은 생일책에 있었다. 제목도 작가도 알 수 없는 책을 고르는 사람들은 대체로 인생에 대해 조금 더 열린 마음을 지닌 사람들이다. 그 사람들 중 용기 내어, 약간의 각오를 가지고 문턱을 넘은 사람들만이 우리 책방의 고객인 것이다. 그러니 상대적으로 다른 업종보다, 심지어 다른 서점보다 이상한 손님이 적을 수밖에 없었다. 그래서 책방에 방문해 책을 구입해 주는 사람들에게 더 고맙고, 더 진심으로 대하게 된다. 돌아보면, 진상손님보다는 생일책을 받고 좋은 반응을 보이시는 손님들에 관한 기억이 더 많아서 감사하다.

생일책을 만난 반가움을 표현하는 다양한 방식이 재미있다. 사장님 천재다. 쩐다. 아이큐 몇이세요 등 일반적인 찬사 가운데 가끔 떠오르는 단어가 마땅치 않는 분들은 다음과 같은 표현도 전혀 악의 없이 찬사로 더하곤 한다. 미쳤다. 상술 대박이다. 책방지기에게 직접 찬사를 표현하며 상술이란 단어를 쓴 손님은 아마 잊을 수 없을 것 같다. 최근에는 그런 날것의 표현들을 들은 적이 없어서 더 생각난다.

생일책 소개를 듣고 보이는 행동들도 다양하다. 자신의 생일을 찾아보는 손님, 함께 온 친구의 생일을 찾는 손님. 커플이나 부부일 경우에는 한 단계가 더해진다. 책방지기도 함께 긴장하게 되는 순간이다.

"야, 너 내 생일 몰라?"

연인의 생일을 기억하지 못하는 사람들에게 이곳은 가끔 지옥 비슷한 곳이 된다.

반대로 천국 같은 순간도 있다. 책표지에 적어 둔 책 속의 문장들과 그 날 생일인 분의 주파수가 일치하는 듯한 날들이 그렇다. 자신의 생일 날짜의 책을 뽑아 들고 문장을 읽자마자 눈물이 터지는 손님들을 본다. 같이 오지 않은 다른 친구의 생일책을 뽑아 들고, 이건 그 친구에게 정말 필요한 책 같다며 같이 온 친구들과 이야기를 나누는 모습도 보인다. 그런 모습들을 관찰하며 함께 기뻐하고 공감하는 순간들이 이 일을 계속 즐겁게 할 수 있는 연료가 된다.

무엇보다 가장 감사한 손님은 저번에 사 간 생일책이 마음에 들지 않았다며 다른 책을 사러 오신 분들이다. 다시는 안 찾을 수도 있을 텐데, 그러면 아무것도 모른 채로 고객 하나를 잃을 텐데, 다시 실패할지도 모르지만 또 한 번 생일책을 고르러 오신다니. 생일책을 만든 의도와 책방이 부여한 가치를 모두 이해해주시는 것 같아 진심으로 감사하다. 그리고 그 분이 여러 생일책 중 하나를 고르는 데에 좀 더 관심을 갖고 신중하게 제안하게 된다. 선순환이 이루어지는 순간이다.

누구나, 그러나 아무나

　백 개의 가게가 있다면 백 개의 모습들이 있다. 모든 가게들이 각자의 공간을 만들어가며 각자의 철학을 담아내듯, 책방이라는 공간도 책방에서만 볼 수 있는 모습과 여느 가게들이 갖고 있는 모습이 공존한다.

　내가 하고 싶은 책방은 블라인드 데이트 북처럼 '보여 주고 싶은 마음'과 '보여 주기 싫은 마음'이 공존하는 공간으로 만들고 싶었다. 누구나 들어올 수 있지만 누구에게나 오픈된 공간은 아닌 듯한 느낌을 주고 싶었다. 그래서 심리적 장치들을 공간에 담고 싶었다. 나는 내 책방에 모순된 두 가지가 필요하다는 결론을 내렸다. 최대한의 접근성, 그리고 최소한의 단절성.

　읽을마음이 운영 중인 곳은 책방의 두 번째 자리다. 처음

개업을 할 때는 지하철역에서 조금 떨어진 대로변 코너에 있었는데, 뉴타운 조성으로 인한 주민들의 이동과 팬데믹이라는 큰 파고에서 살아남기 위해 결단이 필요했다. 최대한의 접근성을 위해 지하철역과 아주 가깝지만 임대료가 저렴한 골목, 허름해 보이지만 향후 멋진 장소가 될 것 같은 공간에 새로이 자리를 잡았다.

하지만 그렇게 1층 역세권을 얻어 두고 내가 한 일은 '문턱'과 '창문 없는 외벽'을 만드는 일이었다. 이유는 두 가지다. 문턱의 존재는 들어오는 사람들에게 최소한의 제약을 제공한다. 굳이 문턱을 넘어 책방으로 들어오는 수고를 해야 한다. 창문 없는 외벽의 역할도 비슷하다. 문은 이 공간이 얼마나 들어오는 사람에게 열려있는지를 보여 준다. 문을 크게 그릴수록 나의 개인적인 공간에 대해 크게 열려 있다고 보는 것이다. 반면, 창문의 크기는 외부에 있는 사람들에게 나를 얼마나 오픈하고 있는지를 보여준다.

읽을마음은 작은 동네책방에다 문턱까지 있고, 창문은 없다. 대신에 책방 사이즈에 비해 상당히 큰 문짝을 갖고 있다. 무릎 높이보다 살짝 낮은 문턱 위에 놓인 큰 문은 유리문이지만, 통유리는 아니다. 철 프레임에다 아래 40% 정도는 철재로 제작되어 있고, 위 프레임에 유리를 끼웠다.

하나의 울타리 같은 역할을 하는 이 장치들이 의도하는 것은 접근성 좋은 곳에서 접근성을 제한하는 것에 있다. 그리고 '외부와의 단절성'을 띤다. 하지만 이 단절성은 책방에 오지 않는 사람들을 향한 배타적인 장치만이 아니다. 책방에 들어와서야 비로소 그 장치의 진가를 알 수 있다.

문을 닫음과 동시에 손님은 외부의 소음에서 안전해지고, 책방에 흐르는 잔잔한 음악과 함께 책 내음을 가득 느끼게 된다. 그때부터는 읽을 마음을 먹고 들어온 사람이든, 그저 읽을마음으로 들어온 사람이든 구분하지 않는 환대의 공간이 된다. '외부와의 단절성'은 들어오지 않는 사람들을 위한 것이 아닌, 들어온 사람들을 위한 장치였다.

들어오는 모든 사람이 책을 살 필요는 없지만, 나 또한 모든 사람에게 내 책방을 향유할 권리를 내어 줄 정도로 마음이 넓은 사람은 아니다. 한두 사람이 자신의 집인 것처럼 동네책방을 대하는 것이 그 책방지기에게 얼마나 큰 정신적 타격을 주는지 많이 봐 왔기 때문에 그런 지점에 대해 고민을 많이 했다. 대신, 그 문턱을 넘어 들어올 마음을 먹은 사람들에게는 다르게 대하겠다고 마음먹었다. 그래서 '읽을마음'이 있는 사람들, 이 공간에 넘어 들어온 사람들에게 책방은 외부와는 또 다른 공간을 만들어 주기로 결심했다. 문턱, 그리고 적당히 가려진 문은 그런 생각들을 담았다.

이런 공간을 만든 데에는 이전 공간에 대한 피드백이 들어 있었다. 대로변 코너에다 책방 측면이 통유리로 열려 있는 공간은 겉으로 보기에는 아름다운 책방이었지만, 통유리 쪽에 책장을 둘 수 없다 보니 공간 크기에 비해 책을 둘 공간이 부족했다.

밤 시간에는 밝은 조명의 책방이 더 아름답게 보이지만, 반대로 사람이 없이 비어 있으면 오히려 들어가기 부담스러운 공간이 되는 것 같았다. 더 큰 문제는, 책방지기는 바깥이 잘 보이지 않고 자신의 모습만 유리에 반사되어 보이는 데 반해 지나가는 사람들은 책방지기가 무엇을 하는지 너무나도 잘 보인다는 점이었다. 이런 공간에서 이 년 정도 머물다 보니 쇼윈도 너머의 아기 고양이와 강아지 심정이 이해가 됐다.

새로운 공간의 심리적 장치가 효과를 본 걸까? 아니면 그저 이 동네가 아직 유명하지 않아서인 걸까? 매일 편차가 크긴 하지만, 읽을마음에 처음 들어온 손님들의 책 구매율은 절반 이상이다. 물론 생일책의 힘을 부정할 수 없지만, 책과 더불어 접객 스킬도 필요하겠지만, 공간이 만들어준 장치들이 제대로 활용되고 있다고 생각한다. 읽을 마음이 없는 사람들에게는 스쳐 지나가도 좋은, 그저 지나가는 서점이 되어 주기. 그 대신 거리의 멋진 배경이 되어 주기. 어쩌면 서로 좋은 거라고 생각한다.

시간이 흐르면서 책방이 있는 골목의 모습은 많이 변했다. 책방 맞은편은 염소가 가끔 나와 배추를 뜯는 건강원이었지만, 이제는 예쁜 식당이 됐다. 수십 년 된 분식집도 이자카야가 되었고, 곱창집은 카페가, 치킨집은 와인바를 거쳐 카레집이 되었다. 거리를 오가는 사람들도 달라졌다. 동네 사람들의 통행로에 가깝던 공간은 데이트를 하러 나온 커플들이 가게 하나하나를 주의 깊게 살피기 시작하는 골목이 되었다.

책방의 단절성에도 다른 적용이 필요한 시간이라는 생각이 들었다. 쇼윈도 속 강아지가 되기 싫어서 창문을 없애고 문턱을 만든 책방에서, 다시 지나가는 사람들에게 열리고 한 켠을 내어줄 수 있는 책방이 될 용기가 생겼다.

다른 가게에서 배우기

책방 오픈을 꿈꾸는 사람들이 처음 갖는 책방에 대한 환상은, 업무시간 중 여유롭게 커피를 내리고 책 읽는 평온한 하루를 누릴 수 있다고 생각한다는 것이다. 물론 틀린 말은 아니다. 책이라는 물건은 손이 많이 가지 않는 편이니까. 유통기한도 따로 없고 꺼내서 손질을 해 둬야 하는 물건도 아니다. 그리고 슬픈 일이지만 책이 잘 팔리지 않아 회전율이 떨어지면 자주 물건을 들이지도 않는다. 먼지는 좀 더 자주 털어야겠지만.

하지만 책을 주문하고 진열하고 소개하는 일 말고도 자잘한 일들은 항상 있다. 그리고 그 일이 없다고 해도 많은 책방지기들이 예상보다 여유로운 독서시간을 누리지 못한다. 끊임없이 뭔가 움직여야 한다.

책 판매만으로 수익이 보장되지 않는 세상이다 보니 책방지기들이 주로 관심을 갖는 일은 책과 관련된 문화행사다. 그리고 이 문화행사를 지원하는 많은 공모전도 있다. 그러다 보니 문화행사 지원단체들이 겨우내 한해 계획을 짜고 공모를 시작하는 봄철이 되면 많은 책방지기들은 사업을 찾고 지원서를 쓰고 행사를 기획하느라 몰래 바쁘다.

이런 지원사업들은 책방 홍보에는 꽤나 도움이 되겠지만 생계를 유지할 만큼 보상이 뒤따르지는 않는다. 그럼에도 행사만으로 일 년 매출을 해결하는 어마어마한 책방지기를 가끔 보게 되기도 한다. 책방 자체적인 문화행사를 준비하기도 하고, 지자체와 함께 공동 기획으로 프로그램을 짜기도 하는 이런 서점들을 보면 저분은 어떤 직업을 택해도 성공했을 것 같아서 경외감이 든다. 하지만 나 같은 보통의 책방지기들이 이런 일에 몰두하다 보면 주객은 전도되고 직장을 다니며 독서를 취미로 삼을 때보다 책 읽을 시간이 없는 자신의 모습을 직면하는 때가 온다. 그렇게 현실을 자각할 때 많은 책방지기들이 책방을 정리하게 된다.

다행히 나는 책을 읽는 것만큼이나 책을 파는 것을 좋아하는 편이었고, 책방을 열고 일 년 가까이 책 읽는 시간이

별로 없어도 크게 불만이 없었다. 하지만 생일책을 한 권 두 권 포장하면서 스스로 불안감이 엄습했다. 이렇게 책을 읽지 않는 책방지기가 추천하는 책은 결국 밑바닥이 금방 드러날 거라는 생각이었다. 그리고 그 생각은 별로 틀려 보이지 않았다.

다시 책을 읽기 시작했고, 시간을 내서 책을 읽으려 했다. 그리고 다시 책방을 오픈하기 전 내 모습을 찾아가기 시작했다. 그러면서 내린 결론은 결국 나라는 사람은 책을 읽을 때 책방을 더 잘 할 수 있고 나답게 살 수 있다는 것이다. 그래서 여전히 책 읽을 시간을 확보하려 한다.

하지만 다른 책방과 달리 읽을마음은 내가 게으르지 않아도 책 읽을 시간이 많이 없다. 끊임없이 책을 포장해야 하니까. 책이 잘 팔릴 때는 하루 종일 포장을 해도 빠져나간 책을 채우지 못하고, 그러지 않는 날도 아직 생일책에 넣지 못한 책들을 읽으며 책 속의 문장과 키워드를 찾아야 했다.

물론 나는 이 작업도 굉장히 사랑한다. 그래서 불만은 없다. 다만 이러다 책을 제대로 소개하지 못하는 책방지기가 될 뿐더러 나 또한 책을 충분히 읽지 못해서 새로운 인사이트를 발견하지 못할 것 같았다. 정도는 다르겠지만, 일하느라 정작 책 읽을 시간이 없는 책방지기들과 예비 책방지기들에게 이 문제를 극복한 경험을 공유해 본다.

나는 이 슬럼프를 주위 상점들을 관찰하며 극복했다.

집에서 책방에 걸어가는 길에 작은 골목 슈퍼마켓이 있다. 여덟 살 때부터 두 번째 책방을 열 때까지 한 집에 살았기에 이 앞을 지나다니는 시간도 수십 년이었다. 그런데 책방을 운영하면서 나는 이 슈퍼마켓 주인아저씨의 독특한 루틴을 발견했다. 아침 8시 회사 출근길에도 아저씨는 슬렁슬렁 움직이면서 가게 안팎에서 뭔가 물건을 나르고 정리를 하고 있었다. 그런데 내가 책방을 닫는 시간인 8시에도, 밖에서 친구들을 만나고 들어가는 저녁 10시에도, 책방을 열러 출근하는 오전 10시에도 아저씨는 같은 속도로 움직이고 있었다.

아마 효율을 중요시하는 사람이라면 아저씨의 작업 루틴을 이해하지 못할 수도 있겠다. 하루 열네 시간을 슬렁슬렁 움직여야 하는 거라면 여섯 시간 안에 작업을 끝내고 나머지 시간을 쉬며 좀 더 '효율적으로' 사용할 수도 있을 테니까. 하지만 아침저녁으로 아저씨와 마주치며 그의 행동패턴을 보던 나는 내 사업 또한 어느 정도는 저런 모습이 필요함을 느꼈다. 물건이 들어오는 시간은 정해져 있지만 결국 자영업자는 사소한 일들 하나하나를 직접 다 처리해야 한다. 슈퍼 아저씨처럼, 나도 책이 들어오는 시간에만 맞춰 움직이지는 않는다. 책을 받고 책을 정리하고 발송할 책의 주소를 입력하고 운송장을 뽑아내다 보면, 택배를 보냄과 동시에 나는 반쯤 퍼진 상태가 되어 잠시 가만히 있고 싶어진다. 그러다 보니 퇴근시간을 한참 지나야만 끝나는 영업시간이 너무나 길게 느껴졌다. 그때 슈퍼마켓 아저씨 생각이 났다. 아저씨는 끊임없는 일과 긴 영업시간에 지치지 않고 일하는 방법을 찾아냈던 것이다. 그리고 그 모습이 나에게도 필요했다.

그 뒤로 조급하게 처리했던 일들을 한 템포 늦춰 천천히 해 나가는 습관을 들였다. 그리고 중간중간 새로운 일들을 만들어 갔다. 시간이 조금 더 걸리더라도, 지치지 않고 오래 일하는 노하우가 생겼다.

때로는 책을 읽고, 책을 포장하고, 테이블의 놓인 타자기로 오늘의 책 몇 문장을 두드려도 보고, 외국 작가에게 떨리는 손으로 영문 이메일을 보내 생일을 알아보기도 하고, 좋은 음악이 나올 때면 읽던 책을 녹음해 보기도 한다. 책과 더 가까워지고 책과 함께 노는 시간이 늘어나면서 자연스레 나는 내 책방에서 책 읽는 즐거움을 되찾았다. 남들에게는 조금 더 게으른 책방지기로 보이도록 하고.

슈퍼마켓 아저씨만큼 관찰의 대상이 되는 가게들은 역시 옆집들이다. 줄 서는 맛집들이 있는 두 번째 책방의 골목사장님들은 대부분 오후 세 시에서 다섯 시나 여섯 시까지 브레이크 타임을 갖는다. 나는 이 시간이 정말 부러웠다. 직장인들도 그럴 것이다.

하지만 아침저녁으로 재료를 준비하는 사장님들의 모습을 보니 그렇게 느껴지지 않았다. 황금 같은 주말 매출을 포기하고 쉴 시간을 확보한 줄 알았던 책방 옆 라멘집 사장님은 사실 그 주말 내내 육수를 끓이고 있었다. 평일 판매분을 위해 주말 하루는 철저히 준비하는 시간이었던 것이다.

초저녁에 가게를 여는 이자카야 사장님의 하루 루틴은 더했다. 새벽 두 시에 가게를 닫으면 사장님은 남은 재료들을 정리하고 가게를 청소한 뒤 새벽시장에 가서 고기를 사 왔다. 그렇게 아침 무렵 돌아와 잠이 들고 다시 저녁장사를 시작하시는 것이다. 한 달에 한 번 쉬는 일요일은 가족들에게 돌아가 아빠의 역할을 충실히 하신다. 그 일요일과, 정기휴무일인 월요일 사이 사장님의 인스타에 자주 올라오는 사진은 텐트와 모닥불이다. 살인적인 스케줄 속 휴가가 캠핑이라니, 아빠는 강하다.

이런 사장님은 팬데믹을 맞아 9시로 제한된 영업시간에 큰 타격을 받기도 했다. 그땐 점심 장사를 시작했다. 저녁에는 평소보다 빠른 12시쯤 가게가 정리됐지만 새벽시장이 열리기엔 아직 먼 시간. 사장님은 짧게 잠을 자야 했다. 결국 사장님은 두 시간씩 세 번에 나눠 잠을 자며 점심 장사와 저녁 장사를 해 나갔다. 캠핑 사진은 계속 올라오고, 모닥불은 꺼지지 않았다. 아빠 만세.

골목 사장님들이 그들의 음식을 인정받고 손님들이 꾸준히 그들을 찾는 것은 그들이 지난날 쌓아온 수련의 시간과 음식맛을 내는 노하우 덕분만이 아니었다. 여전히 사장님들은 하루하루 치열하게 살아가고 있었다.

그 모습을 보며 나도 읽을마음을 좀 더 장인정신을 갖고 운영해나가기로 다짐했다. 아마 그런 사장님들의 모습을 보며 이런 것을 깨닫지 않았다면, 생일책 표지의 변화는 훨씬

긴 시간이 지나서야 선보일 수 있었을 것이다.

    때로는 우연히 닿은 가게에서 그런 도전을 받을 때도 있는데, 자기 일에 진심인 사람들을 만날 때다. 아르바이트생 내지는 직원일 텐데 이 순간 최선을 다하는 사람들을 볼 때마다 진심으로 응원하고 싶어지고, 한편으로는 사장이라는, 대표라는 직을 달고 있는 내가 내 일에 저렇게 최선인가 되돌아보게도 한다. 그런 순간들이 준 깨달음이 있기에 여전히 생일책 소개에 진심일 수 있게 된 것 같다. 읽을마음 주변에서 묵묵히 자기 자리를 지켜가는 모든 분들에게 감사한 마음이다.

    오랫동안 구직을 하는 친구들, 회사에서 슬럼프에 빠진 친구들에게 나는 재래시장을 걸어 보길 권한다. 시장은 엄청난 삶의 에너지가 흐르는 곳이다. 온라인에서는 온갖 문제점으로만 가득한 것처럼 묘사되고 도태되어야 할 우선순위로도 일컬어지는 재래시장이지만, 우리 동네 시장은 그렇게 경우에 맞지 않는 가게도 없을뿐더러 자기가 파는 물건에 대한 자부심을 가득 담아 상품을 소개하는 목소리가 가득하다.

    그 목소리들은 효율적인 방식과는 거리가 멀다. 그 순간 그곳을 지나가는 사람이 그 외침에 귀 기울이지 않는다면 아무 의미도 없을 것이다. 그런데 아마도 그 자리에서 수십 년 동안 물건을 팔아 왔을 그들은 여전히 같은 에너지를 담아 생선 한 마리를, 부추 한 묶음을 소개한다. 스스로가 굉장히 부끄러워지는 자리이면서 주먹을 꼭 쥐고 다시 나아가고 싶게 만드는 공간이다. 시장이 나에게 전해 주는 에너지는 굉장해서, 언젠가 기회가 된다면 오키나와의 울랄라 서점처럼 시장 한복판으로 들어가 책방을 해 보는 것도 꿈꾸고 있다.

 이처럼 내가 하는 일을 더 잘 할 수 있는 방법은 다른 가게들을 통해서도 얻어갈 수 있다고 생각한다. 자신이 하는 일에 대한 그런 태도들을 살필 수 있는 시선이 나에게 있다면, 배울 수 있을 것이다. 나와 전혀 다른 공간에서 자신의 가게를 운영하는 사람들은 각자만의 영감을 주는 가게들이 있을지도 모른다. 언젠가 우리 책방도 주변 가게들에게 이런 영감과 동기부여를 줄 수 있는 공간이 되었으면 좋겠다.

첫 번째 발걸음,
서울국제도서전과 와우북페스티벌

6월의 어느 수요일 오전 10시, 코엑스에서는 우리나라에서 가장 큰 책 축제가 열리는 시간이다. 바로 서울국제도서전이다. 우리나라에는 크고 작은 북페어들이 있지만, 어느 정도 규모가 있는 출판사들이 가장 중요하게 생각하는 행사는 아무래도 이 국제도서전일 것이다.

출판사에 있을 때 참가한 도서전의 모습을 떠올려 봤다. 영세한 출판사이지만 참가비 100만원을 내고 참가해서 5일 동안 직원들이 돌아가며 부스를 지켰다. 참가비에 인건비, 오가는 물류비를 생각하면 더 큰 돈이 들었을 것이다. 5일 동안 내가 일하던 출판사에서 판매한 책은 100권도 되지 않았다. 그야말로 홍보를 위한 자리였다. 직접 책을 파는 출판사도 본전을 찾기 어려운 행사다 보니 서점들이 가는 것은 더 드물었다.

읽을마음이 옛 책방 이름으로 도서전에 처음 참가한 해는 2019년이었다. 2019서울국제도서전의 디렉터리북 정보는 지금도 인터넷에서 확인할 수 있다. 우리 책방 부스는 N25번. 근처는 물론 그 어디에도 서점이 단독 부스를 한 곳은 없었다. 관악구 동네책방들이 모여서 함께 운영하는 부스, 서점조합연합회와 함께 온 일부 서점이 있을 뿐이었다. T존 책마당에 모여 있던 다른 동네책방들은, 그해 도서전에 들어온 성심당보다도 작은 면적을 배정받았다. (정확히는 알 수 없지만, 도서전에 있던 사람들은 그해 최고 매출이 성심당일 것이라 입을 모았다.)

모든 생일책 커버가 하얗기만 했던 그 서툰 시절에, 그렇게 도서전에 처음 출점했다. 광명시 창업지원센터의 지원을 통해 가로 세로 3미터의 포토존을 설치하고 부스도 목공으로 꾸몄다. 코너 자리였지만 포토월을 설치하느라 열린 면은 한 면뿐이었다. 책방에서 가져온 책장을 배치하고, 600권 정도의 생일책을 책장에 꽂아 두었다. 도서전이 시작하고 한 시간이 지날 무렵. 사람들이 모이기 시작했다. 그리고 계속 모이기 시작했다.

당시 새로 오픈한 책방을 응원하기 위해 온 경기콘텐츠진흥원과, 서점조합연합회 담당자들 모두의 눈이 동그래졌다. 동네책방에서 서울국제도서전에 왔는데 사람들이 줄을 서 있네? 책이 팔리네? 이게 가능한 일인가? 생일책 600권 정도를 팔았으니 책방의 매출도 의미있었지만, 그보다 더 큰 파급력이 있었다. 지금의 책마당이 이 정도 규모로 확대된 것, 경기콘텐츠진흥원이 별도의 경기도서 부스를 운영하게 된 것, 도서전 주최측이 출판사에게만 부스 예약을 알리다가 어느 순간부터 작은 서점들의 참가를 독려하기 시작한 데에는 내가 보여준 모습들이 조금은 기여했다고 생각한다.

도서전 다음은 북페어였다. 당시에도 작은 북페어들이 하나둘씩 시작하고 있었지만, 출판사에 있던 내가 알고 있던 '두 번째로 큰 규모의 북페어'는 서울와우북페스티벌이었다. 지금은 규모가 매우 줄어들어서 작은 공간에서 열리는 이 북페어는 그 당시까지만 해도 홍대의 큰 축제였다. 상상마당 앞을 가로지르는 '주차장 거리'가 있었고, 와우북페스티벌은 이 주차장을 모두 비우고 몽골텐트를 설치해서 책 부스를 운영했다. 하지만 도서정가제 이후 다양한 행사로 무장한 북페어의 변화가 아직 찾아오지 않던 시절이다 보니, 이 당시의 서울와우북페스티벌도 규모에 비해 굉장히 저조한 매출을 보이고 있었다. 도서전은 어찌어찌 나가는 출판사들도 와우북에서는 슬금슬금 발을 빼고 있었다.

이래저래 발을 동동 구르던 와우북 담당자들은 도서전에서의 내 모습을 기억하고 있었다. 생긴 지 일 년도 되지 않은 책방이 와우북에서 가장 좋은 자리, 상상마당 앞 텐트를 배정받았다. 도서전보다 더 큰, 가로 세로 5미터의 대형 텐트였다.

도서전과 달리 이 행사는 책에 관심이 적은 사람들을 타깃으로 한다. 홍대에 놀러온 사람, 데이트를 위해 지나가는 사람들에게 책은 매력적인 콘텐츠가 아니다. 그래서 더 궁금했다. 과연 이 공간에서도 생일책이 먹힐까?

놀랍게도 도서전만큼의 반응을 얻었다. 이웃 텐트와 현수막으로 차단된 좌우를 제외하고, 앞뒤로 사람들이 몰려들어서 지인들을 급히 불러 도움을 요청했다. 이때부터 책방은 커플 고객을 다시 보게 됐다. 그들은 생일책을 더 의미 있는 선물로 여겼고, 서로 한 권씩 사 주다 보니 매출도 두 배였다. 서울와우북페스티벌은 금요일부터 일요일까지 열리는 행사였는데, 하루 백 권씩 삼백 권을 조금 넘게 팔았다.

팬데믹이 지나고 다시 나타난 서울와우북페스티벌은 더 이상 예전의 모습이 아니었다. 합정 어느 건물의 지하 공간에서 아주 작은 규모로 열리다 보니 찾아오는 사람이 거의 없는 행사가 됐다. 주차장거리에서의 좋은 기억에 대한 의리를 지키겠다는 마음으로, 한 번 더 출점해 봤지만, 새로운 공간에서 해결해야 할 문제들이 많아 보였다.

지금은 지자체마다 많은 북페어가 생기고 있다. 북페어 활성화의 명과 암은 존재하지만, 그래도 없을 때보다는 있을 때가 더 기대된다. 이런 활성화에 읽을마음도 조금은 기여했으리라는 생각에, 가끔은 혼자 뿌듯해할 때가 있다.

1인 3책방 운영하기

첫 번째 책방에서 두 번째 책방으로 옮겨 가는 시간 동안, 어쩌다 보니 나는 크고 작은 다양한 형태의 서점을 운영해 보게 됐다.

처음 운영해 본 곳은 경의선 책거리였다. 2016년 말 홍대입구역과 연결되어 개장한 경의선 책거리는 개장하기 전부터 개인적으로 기대를 갖던 곳이었다. 졸업한 대학교도 이곳이었고, 재직했던 출판사도 합정에 있다 보니 책과 관련된 거리가 근처에 생긴다니 들뜬 마음이었다. 거리를 따라 늘어선 기차 모양의 부스들이 어떻게 활용될지도 기대됐다.

하지만 개장하고 나서 보니 기차 모양 부스들의 용도가 영 애매했다. 콘크리트 덩어리로 만들어진 부스 내부는 너무나도 삭막해 보였고, 앞뒤로 있는 유리문은 내부가 훤히 들여다보였지만 들어가고 싶은 기분은 들지 않았다. 하얀 조명 때문이었다. 마치 남의 사무실을 기웃대는 듯한 기분이었다. 저녁이 되면 그 공간은 더 이상하게 보였다. 내부에 있는 사람은 바깥의 사람들이 잘 보이지 않는다. 바깥에서는 굳이 보려 하지 않아도 내부가 잘 보인다. 출판사들이 맡아 운영하던 이 부스는 출판사 직원인지 아르바이트생인지 알 수 없는 사람들이 하나씩 앉아 있었는데, 밖에서 보기에 그 사람들이 온몸으로 표현하는 의도는 '제발 들어오지 마세요'처럼 느껴졌다. 자연스럽게 책거리는 그 앞을 지나가는 사람들과 따로 놀게 되었고, 침체되고 있었다.

좋은 취지로 만들어진 거리가 이런 식으로 운영되는 것이 이해가 되지 않았지만, 책거리는 딱히 큰 변화 없이 운영 주체만 바뀌어가며 계속 그 모습을 유지했다. 그런 책거리는 나에게 묘한 도전을 주었다. 저렇게 운영되는 자리라면 저곳에서 잠시라도 책방을 운영해보고 싶다는 생각이었다. 홍대 한복판 공원에 있는 책방이라니. 그럼에도 안 되는 자리라니. 그래도 어쩌면 나는 잘할 수 있지 않을까?

그러다 2019년 말, 나에게도 기회가 왔다. 서울국제도서전과 와우북페스티벌에서 신나게 책을 팔던 모습을 본 출판계 사람들이 하나둘씩 나에게 관심을 가졌고, 그중에 책거리에 대한 정보를 주시는 분들이 있었다. 생각보다 책거리 부스는 훨씬 저렴한 임대료로 운영되고 있었다. 대신 운영규정이 분명했다. 마포구에서 관리하는 시설인 만큼 월요일을 제외한 영업시간엔 무조건 상주인원이 있어야 한다는 조건에, 근처 상권에 피해를 주지 않아야 하니 책 이외의 물건은 팔 수 없었다. 이제 보니 책거리는 임대료보다는 인건비 부담 때문에 업체들이 들어오길 꺼리는 자리였다.

직접 운영한다면 인건비 부담이 없으니 시도해 볼 만하다고 생각했다. 제안서를 작성해 책거리에 보냈다. 얼마 후 입점 승인이 있었고, 2019년 10월부터 6개월간 책거리를 운영해 볼 수 있었다.

가장 처음 바꾼 것은 조명이었다. 콘크리트 건물 속 하얀 조명은 그야말로 삭막한 사무실을 거리공원에 둔 기분이었다. 삼색으로 변하는 LED 바를 사서 기존 조명 대신 달았다. 양면테이프로도 잘 붙고 깨지지도 않는, 가벼운 조명이었다. 불을 몇 번 껐다 켜면 주광색과 주백색에 이어 따뜻한 전구색 불이 들어온다. 바깥으로 나가서 부스를 봤다. 이전과는 전혀 다른, 뭔가 들어가 봄직한 따뜻한 공간처럼 보였다.

책장과 카운터는 가지고 있던 책장과 책상을 이용해 돈을 쓰지 않고 꾸몄다. 책거리에서 기본 제공한 책상 위에 집에서 가져온 공간박스 두 개를 얹고, 그 위에 합판을 하나 얹어서 가슴높이가 되는 카운터를 만들었다. 평소에는 앉아서 책상을 이용하다 손님이 오면 카운터 위에서 계산을 해결했다.

조명 다음으로 중요하게 생각한 건 통로 확보였다. 책거리 부스는 기차처럼 앞뒤로 통로가 열려 있지만, 대부분의 부스가 한쪽을 막아 두고 사용했다. 들어가 있는 사람에게는 안정감을 주지만, 공간에 들어온 사람들은 막다른 미로를 마주한 기분이 들게 한다. 양쪽으로 통로를 두고 언제든 들어올 수 있고 나갈 수 있다는 느낌을 줘야 이 공간이 살아나겠다고 생각했다. 책들을 벽면으로 배치하고 통로는 비워두었다. 그리고 겨울 전까지는 유리문을 최대한 열어 두었다.

비공식적이지만 우리 서점은 경의선 책거리 개장 이후 단독 부스 중 최대 매출을 기록했다. 책거리가 가장 예쁘다는 봄에 더 많은 매출이 있을 거란 기대감으로 추운 겨울을 났다. 책거리의 명물, 어쩌면 진짜 주인일 고양이들과도 친해져서, 책방에서 키우는 고양이마냥 카운터에서도 재우고 의자 위에서도 재웠다. 다른 고양이가 할퀴어 심한 상처를 입고 온 고양이가 있어서 연고도 발라 주었다.

그렇게 따뜻한 추억이 많은 경의선 책거리였지만 오랜 시간 있기는 어려워 계약기간을 마치며 떠나게 됐다. 월요일만 쉬며 냉난방에 취약한 가건물을 지키다 보니 오래 할 자신이 없었고, 육 개월만 더 해볼까 했지만 2월부터 코로나19로 사회적 거리두기가 시작되면서 앞으로의 운영을 장담할 수 없었다. 봄기운이 돌아오고 연고를 발라 주던 고양이의 상처에도 새로 털이 자라고 깨끗해지고, 부스보다는 바깥에서 고양이와 보내는 시간이 많아질 무렵, 단골손님에게 고양이 연고를 건네고 책거리 영업을 종료했다.

시간이 지나면서 경의선 책거리의 콘크리트 부스들은 당초의 의도대로 덩굴식물로 덮이게 되었다. 더 시간이 지난다면 마포구의 멋진 생태공간이 될 수 있었겠지만, 지자체장이 바뀌고 마포구의 정책기조가 바뀌면서 다른 형태의 길이 됐다. 가끔 홍대를 갈 일이 생기면, 이곳의 고양이들을 마주칠 수 있을까 기대하며 공원을 둘러보게 된다.

잠시였지만 인사동에서도 책방을 열었다. 폐공장을 개조한 공간 1층이었다. 날짜별로 한 권씩의 생일책을 두고, 판매가 될 때마다 채워 두었다. 공간에서의 배려로 별도 판매자를 두어서 내가 직접 가 있지 않아도 된다는 메리트가 있었다. 함께 1층에 입점해 있던 공간이 있었는데 이름이 '내면의 서재'였다. BTS의 리더 RM이 읽고 팬들에게 소개한 도서목록을 중심으로 도서와 굿즈를 전시한 공간이었다. 내면의 서재의 책들은 우리 책방에서 구입해 채워 두었다.

인사동에 있는 시간은 길지 않았지만 내면의 서재 운영자의 정성과 팬들의 발길은 기억이 난다. 당시에는 BTS 데뷔 7주년이었는데, 이 공간에서 BTS 데뷔 기념행사가 열리는 모습을 직접 보게 되었다. 이른 아침부터 가득 모인 팬클럽 운영자들은 일사불란했다. 수천 명의 방문객 동선을 안정적으로 관리하고, 중간중간 비는 굿즈 없이 착착 움직이는 모습이 마치 평생 이 일을 하면서 살아온 사람들인 것처럼 빈틈이 없었다. 책방 운영과 행사에 큰 귀감이 됐고, 방문한 사람들의 질서 또한 인상적이었다. 아이돌의 세계는 잘 모르지만, 무언가를 좋아한다는 이유로 한 공간에 모인 사람들의 긍정적인 모습을 마음에 담았던 시간이었다.

세 번째 공간은 노들서가였다. 예전에 중지도라는 이름으로 있었던 노들섬이 시민들에게 열렸고, 그 공간에 노들서가라는 멋진 서점이 생겼다. 천장은 높았고 서가 너머로는 한강이 보였고, 저녁이면 노을이 예쁘게 걸리는 공간이었다. 가장 잘 보이는 서가에 생일책이 365권 놓여졌고, 이 공간에서도 생일책은 가장 잘 팔리는 대표상품이 되었다. 인사동처럼 이곳에서는 노들서가에 상주하는 매니저님들이 판매를 대신해 주었는데, 10%의 수수료를 떼고 정산이 됐다. 혼자 책방을 운영하는 내 입장에서는 굉장히 유리한 조건이었다. 매주 빈 날짜의 책들을 채워 넣느라 운전을 하는 일도, 탁 트인 공간을 마주하는 재미로 즐겁게 오갈 수 있었다.

노들서가에는 시민들이 쓴 '한장책'이 있었다. 종이 한 장으로 된 책을 만들고, 모양을 따라 접으면 한 권의 책처럼 된다. 한장책은 서가 한 면을 채우면서 방문객들의 손으로 만들어진 멋진 자산이 됐다. 하지만 이곳 또한 서울시장이 바뀌고 서울시의 정책기조가 바뀌면서 문을 닫았다.

책방의 좋은 추억들이 있던 공간이 두 군데나 정책적인 이유로 사라져서 아쉽다. 지금은 추억이 된 이 공간들에 대해 이야기하다 보면, 내가 하는 책방이 정치적인 문제로 문을 닫을 줄은 몰랐다고 농담 삼아 이야기하고는 한다. 같은 일이 반복되지 않기 위해, 정책 위주가 아닌 시민 주도로 공간을 만들어야 할 필요성을 느끼기도 한다. 다행히 읽을마음이 있는 광명시는 시민주도와 자치분권에 큰 관심을 갖고 있어서, 언젠가는 시민자산화가 이루어진 광명시 공간에서 지속가능한 책방을 할 수 있겠다는 희망을 품고 있다.

위의 공간 중 두 개의 팝업스토어를 동시에 운영하던 시간이 있었는데, 마침 광명시 홍보실에서 책방 인터뷰를 왔다. 당시 유튜브에 올라간 영상은 여전히 유튜브에서 책방을 검색하면 가장 먼저 나오고 있다. 매우 부끄러워서 내리고 싶지만, 홍보실에서 꾸준히 관심을 가져 주어서인지 책방 이름이 바뀌자 '읽을마음'이라는 새 이름까지 반영해 계속 노출해 주고 있다. 처음 영상이 올라온 뒤로 차마 재생을 누르지 못해서 어떤 이야기를 남겼는지 기억은 못하고 있다. 팬데믹 중에 빠르게 확장하는 청년 서점쯤 되려나. 영상을 보시는 분이 있다면 이런 사연이 있었다는 걸, 아주 잠시뿐인 영광이었다는 걸 알아 주셨으면 한다.

노들서가와 같이 위탁 판매가 되는 곳이 아니라면, 읽을마음은 분점을 낼 계획이 없다. 어디에나 있는 생일책도 좋겠지만, '어딘가에는 아직 있는' 책방이 더 마음에 든다. 그래서 세 개의 책방을 하던 시간은 추억으로만 남을 것 같다. 지점을 낸다면 자신이 꼭 운영하고 싶다고 말하는 친구들에게, 대답은 안 하고 웃기만 해서 미안하다는 말을 지면을 통해 전한다.

사라지는 공간만큼 새로 생겨나는 '책에 관한 공간들'도 분명 있을 것이다. 책을 사랑하고 책을 아끼는 마음이 모인 모든 공간들을 응원한다. 그리고 어디선가 아직은 없는 새로운 기획과 발상들이 그 공간에서 꽃 피고, 다양한 책 문화를 만들어 가기를 기대한다.

세상에서 가장 짧게 머무는 서점

경의선책거리에서 부스를 운영하던 때, 인상적인 손님들을 만났다. 회사가 많고 점심시간을 이용해 책거리를 걷는 분들이 하나둘씩 손님이 되었는데, 짧은 점심시간에 만나는 다른 회사 사람들에게 생일책을 선물하기 위해 급하게 책방에 달려오는 분들이 있었다.

그중 한 분은 책방 입장과 동시에 아주 자연스럽게 원하는 날짜의 책 앞으로 달려가 책을 들고 카운터에 올려 두었다. 나도 바로 가격을 확인하고 건네받은 카드를 단말기에 꽂았다. 쇼핑백에 담아 책을 건네 드리자 손님은 급히 뛰어나갔다. 15초가 채 걸리지 않았다.

신선한 경험이었다. 단골손님이 책방의 구조와 콘셉트를 명확히 이해하고 있다는 점이 기뻤다. 그리고 겉으로 보여지지 않는 더 많은 기쁨이 있었다.

먼저, 이 손님은 내가 선보이는 생일책에 대해 전적으로 신뢰하고 있었다. 아무 날짜나 골라도 이상한 책이 들어 있지 않을 거라는 신뢰감이었다. 또는 책이 마음에 들지 않더라도, 주인을 살짝 욕하며 그 사람과 또 다른 이야기를 만들어 갈 수 있다는 여유로운 마음을 갖고 있었는지도 모른다.

여기에 한 가지 더 상상해 본 것이 있다. 이 분이 생일책을 선물하며 어떤 반응을 얻었는지에 대한 상상의 영역이었다. 생일책을 선물하는 사람들은 자연스럽게 책에 담긴 의미를 그 책을 받는 사람에게 각자의 언어로 전달한다. 책방지기만큼 매끄럽게 소개하진 못해도, 더듬더듬 설명하는 그 방식 또한 충분히 효과적이고 감동까지 준다. 이 책이 나와 같은 날 태어난 작가의 생일이라는 사실을 전해 들은 사람들이 어떤 반응을 보일지는 내가 가장 많이 봐 오고 있어서 잘 알고 있다.

자신이 받은 선물에 감탄했던 기억은, 다음에 선물을 전하는 사람에게 또 한 번의 감탄을 기대하게 만든다. 그렇게 생일책 소개는 입에서 입을 통해 재생산된다. 그날 이후 나는 책방의 비전에 다음과 같은 문장을 추가했다.

'평균 체류 시간이 세상에서 가장 짧은 서점.'

책방에 들어온 손님들을 빨리 내쫓고 싶은 의도는 아니다. 오히려 읽을마음은 점점 사람들이 오래 머물 수 있는 공간으로 만들어 가고 싶으니까. 그래서 위 문장은 아마 영원히 실현되지는 않을 것 같다. 하지만 이 문장에는 항상 체류 시간이 가장 짧은 서점을 꿈꾸며, 오늘도 모든 날짜 어떤 책이든 자신 있게 선물할 수 있는 블라인드 데이트 북을 준비해 가겠다는 내 다짐이 들어 있다.

숏폼 콘텐츠의 시대다. 광고와 홍보의 속도도 이제는 초 단위로 경쟁하는 것 같다. 책 읽는 사람들에게 좋은 시대는 아니지만, 그런 시대에도 배울 것은 있다. 지나가는 손님에게 단 15초 안에 책을 소개하려면 어떻게 해야 할까? 하고 스스로에게 질문을 던져 봤다.

"여기 무슨 가게예요?"

검색하면 나오는 세상이다 보니 이 질문에 답하는 것도

귀찮아하는 가게들도 종종 보인다. 같은 말을 반복해야 하니 피곤할 수도 있겠지만, 고객이 감수해야 할 부분은 아닌 것 같다. 솔직히 말하자면, 그 질문이 달갑지 않은 이유는, 어쩌면 그에 대해 자신 있게 설명할 말이 준비되지 않았기 때문일지도 모른다.

배우들은 자신이 연기하는 상황 속에서 상대방의 예상치 못한 대답에 웃기도 하고, 뜻밖의 행동에 겁에 질리기도 한다. 그런데 그 장면이 단 한 번뿐일까? 그들이 연기자, 예술가로 불리우는 이유는 매번 닥치는 그 상황에 대해 표현할 수 있는 새로운 경이감에 있다. 대본리딩부터 수없이 봐 온 상황이지만, 놀라는 장면만 백 번쯤 찍더라도, 더 놀랍고 더 새롭게 '표현'해내는 것이다. 5월 14일이 생일인 배우 마이클 케인은 그의 책에서 자신이 생각하는 연기에 대한 이론을 말하고 있는데, 그는 '연습하고 반복해 온 것에 더해, 실전에서 한 걸음 더 보여주는 것'의 중요성에 대해 역설한다.

나는 배우들이 자신의 직업을 대하는 그런 '표현'에 집중하기로 했다. 생일책 소개야 책방 입구에 붙어 있지만, 모든 사람이 그 문구에 집중하지는 않는다. 그렇다면 그 문구를 읽지 않는 사람을 욕하기보다 그 문구를 패스하고 나에게 다가오는 사람을 절대 놓치지 않겠다는 주인장의 '잘 벼려진' 대사가 필요하다고 생각했다.

그래서 오늘도 나는 질문을 기다린다. 15초 안에 고객을 무장해제시킬 비장의 멘트를 들고. 안 사고는 못 배길걸? 그냥은 못 나가게 만들어 드리겠습니다. 마음속에는 이런 생각을 담고, 체류 시간이 가장 짧은 서점이 될지도 모른다는 생각을 품은 채 오늘도 생일책 소개를 '같지만 또 새롭게' 해 본다.

문장을 모으는 책방의 게으른 책방지기

우리가 먹은 것, 우리가 배운 것, 우리가 읽은 것이 모여 우리가 된다고 한다. 책방을 하며 읽고, 먹고, 배운 것들은 책방을 하기 전의 내 모습 또한 많이 바꾸어 놓았다.

항상 새로운 책을 모으다 보니 하루에 한 권 단위로 새로운 생일책이 들어온다. 부지런하게 매일매일 한 권씩 읽으면 좋겠지만, 보통은 책방에 들어온 신간들을 '언젠가는 읽어야지'하고 테이블 위에 쌓아 두다가, 더 이상 쌓지 못할 때쯤 '생일책으로 일단 넣어둬야겠다'고 생각을 바꾼다. 그리고 한 권 한 권 펼쳐 들 때마다 놀란다.

"이건 정말 당장 읽어야 하는데!"

하지만 쌓여 있는 책들이 주인을 만나게 하려면 눈물을 머금고 일단 이 책에 고이 옷을 입혀 보내야 한다. 그렇게 마음만 동하게 하고 일단 떠나보내는 인연이 많은 날에는 이러다 활자 불감증 같은 병이라도 생길지 모르겠다는 생각이 든다.

이런 시간을 보내며, 생일책의 표지에는 책방지기의 불감증과 바꿨을지도 모르는 문장들이 새겨지고 있다. 다 읽어주지 못해 마음은 아프지만, 그래도 알려지지 않은 좋은 책을 생일책으로 넣어둘 때마다 설렌다. 어떤 좋은 사람이 이 책을 만나게 될까. 수많은 동네서점들이 생기고 있지만 이 책이 어딘가에서 고객을 만나는 순간은 그리 많지 않을 것 같다는 생각이 드는 책들도 있다. 그런 책에 옷을 입힐 때면 그런 마음은 더 커진다.

세상을 살면서 상처를 받을지 안 받을지를 선택할 수는 없지만, 누구로부터 상처를 받을지는 고를 수 있어요. 난 내 선택이 좋아요. 그 애도 자기 선택을 좋아하면 좋겠어요.

존 그린, 『잘못은 우리 별에 있어』, 북폴리오

소설 속 문장을 고를 때 몇 가지 원칙이 있다. 스포일러가 되지 않을 것. 100페이지 안쪽에서 고를 것.
그러나 가끔 읽고서 정말정말 끌어안고 싶은 책들을 만나면 다른 선택도 한다. 선물 받은 사람이 책을 읽어가다가 이 문장을 다시 만날 때 나와 같은 기분이 되기를 바라는 마음으로, 스포일러가 되지 않는 선에서 책의 가장 마지막 부분에 가까운 문구를 선정하기도 한다.

모든 것이 기우뚱한 것은 바로 그때였다. 바다가 무겁고 뜨거운 바람을 실어 왔다. 하늘 전체가 갈라지면서 불비가 쏟아지는 것 같았다. 나의 전 존재가 팽팽하게 긴장했고 나는 손으로 권총을 꽉 그러쥐었다. 방아쇠가 당겨졌고, 권총 손잡이의 매끈한 배가 만져졌다. 그리하여 날카롭고도 귀를 찢는 소리와 함께 모든 것이 시작되었다.

알베르 카뮈, 『이방인』 77쪽, 민음사

책의 중간 부분, 이야기가 새로운 국면으로 접어드는 부분에서 소개 문장을 고를 때도 있다. 『시지프 신화』를 읽고 다시 이방인을 읽으며, 세상을 찢어내는 총소리의 장면이 이 책을 소개하는 데에 더 적합할 것 같았다. 첫 문장이 유명한 작품이지만, 이 문장이 기억나지 않는다면 이방인을 다시 읽어볼 시간이 됐을지도 모른다.

농부가 외쳤다.
"흰쌀로 쑨 미음이 먹고 싶다서 지주한테 빌리러 간 사이에 죽었어

요. 자, 저는 복숭아 가지를 꺾어지고서 왔습니다. 복숭아 꽃 사세요, 한 가지에 20전, 많이도 필요 없습니다. 20전이에요!"

 인산인해를 이룬 사람들이 재미있다는 듯 얼굴을 마주보며 키득키득 웃었다. 현룡은 팔짱을 낀 채 사람들을 밀며 안쪽으로 쑥 들어갔다. 그는 한동안 눈꼬리를 내리고 너무나 감개무량한 모습으로 찬찬히 복숭아꽃 가지를 바라보았다. 왜 그런 것일까? 가슴 속에 사무치게 전해오는 슬픔을 느꼈다. 그는 무언가에 홀린 것처럼 터벅터벅 지게 옆으로 걸어가 가지를 들어올리며 지긋이 마음을 바라보았다. 이제 막 만개하여 피어 흐드러진 분홍색 꽃 스무 줄은 이어진 모양새로 가지를 뒤덮고 있었다.

김사량 『빛 속으로』, 녹색광선

 우리나라와 북한 모두에서 잊혀진, 일본어로 글을 써야 했던 소설가의 책. 이런 책들을 출간하는 출판사의 마음을 읽으려 한다. 누구도 선택하지 않았던 책을, 누구도 선택하지 않을 것 같으면서도 세상 밖으로 끄집어내고 싶은 마음을.

 그렇게 꺼내 든 책은 2020년대에 나왔다고 해도 이상하지 않을 정도로 세련됐다. 별로 감정이입하고 싶지 않은 주인공이 위에 소개된 책 속 문장을 지날 때, 이 책을 소개할 지점은 위의 부분이라고 생각했다.

어른이면 누구나 완전히 진이 빠진 것처럼 느껴지는 날들을 겪는다. 놀라운 사실이 있다면 우리가 무너지지 않고, 그런 날들을 생각보다 더 많이 견딜 수 있다는 것이다. 끔찍한 사실이 있다면 얼마나 더 많이 견딜 수 있을지 정확하게는 모른다는 것이다.

프레드릭 베크만 『베어타운』, 다산책방

프레드릭 베크만의 책들은 어른들이 깊이 공감할 수 있는 문장이 하나씩은 들어 있는 것 같다. 어른이 될수록 더 깊이 깨달을 수 있는 그런 사소한 일들. 문 앞에서 집에 들어가기 전에 심호흡을 하고, 표정을 펴고, 당당하게 가족들 앞에 서려 준비해야 하는, 아직 어른인 게 익숙하지 않은 어른들의 모습들이 비쳐 있다. 중심 내용은 책마다 다른 방향으로 가지만, 이런 표현들이 책에 관심을 갖게 될 것 같아서 이 문장을 선택했다.

그러니 이것은 별 볼 일 없는 사람의 글이고, 그 글은 결코 당신을 향한 것이 아니라, 오로지 나만을 위한 글이라는 것을. 그러니 상처받지 마시길. 차라리 읽지 마시길. 지금은 누군가를 또 잃는다는 건 나한테 너무나도 힘든 일이니. 그저 차라리 읽지 마시고, 곁에 있어 주세요. 그게 아니라면 나를 떠나도 나는 당신의 마음을 헤아릴 테니. 저를 두고 그냥 당신의 갈 길을 가세요. 99일째 별 볼 일 없는 사람이 하는 말. 넋두리, 지청구. 그런 것들.

김승미 『무중력의 사랑』, 동녘

    어느 날 갑자기 떠난 기자님이 인터넷에 남긴 글들이다. 현재를 살아가는 사회인들의 고독과 불안, 그 사이에서 부여잡으려는 희망이 드러나 있는 책이다. 어느 구절에서 마치 유언처럼 자신이 쓰지 않은 책의 마지막을 적어둔 것 같은 문장을 만났다. 표지에 넣기엔 다소 긴 문장이지만, 이런 경우엔 오히려 전체를 담는 편이다. 원색 바탕에 흰 글자로 출력하는데 이 책은 글자색에 아주 약간의 붉은색을 넣었다.

* 내 생애의 앨범에서 이전 장들의 나는, 아무도 줄을 붙들어주지 않아 그만 한구석에 내팽개쳐진 작은 광대 인형일 뿐이다. 그런데 여기 인형의 나라에선, 인형이었던 내가 이제 진짜 사람이 되어 뭇 영혼들을 만난다. 여우도 고양이도, 귀뚜라미와 초록 머리 요정도, 어쩌면 나무 인형 피노키오의 진짜 아버지 제페트까지도.*

래연 『바람구두를 신은 피노키오』, 도서출판이곳

    작가님이 직접 책 소개 메일을 보내 주신 책이다. 나중에 주문해 읽어봐야지 하고 메일함에서 지우지 않고 뒀다가 출간된 지 몇 달 뒤에야 책을 만났다. 책 속에는 인형극 축제를 즐기는 작가님의 모습과, 지난 과거의 일들이 교차되어 나왔다. 사진들이 많은 인형극 에세이는 하얀 종이에, 작가님의 과거 일들은 연보라색 종이에 쓰여져 있는 게 인상적이었다. 책에서 묘한 힘을 느껴서 뒤늦게 작가님께 생일을 여쭈었다. 프랑스의 인형극 축제라는 뜻밖의 버킷리스트가 추가되게 한 책이다.

'이 장판을 깔면 바로 MT촌 민박집 특실 3호실 되는 거'라고 생각했던 바로 그 무늬였다. 내가 원치 않는 방향이라도 나를 배려하는 것만은 확실한 할머니가 나 없는 새에 깔아두신 것이었다. 할머니는 비틀스의 '렛잇비'에 나오는 마더 메리처럼 다가와 말씀하셨다. "그냥 살아!"

박찬용 『첫 집 연대기』, 웨일북

잡지사 에디터가 자기만의 공간을 꾸미고 싶어 처음으로 독립해 얻은 집에서 펼쳐지는 예상치 못한 순간들이 가득한 책. 사람들은 누군가가 헤매거나 망한 이야기를 참 좋아하더라고 작가는 말한다. 작가는 기꺼이 그런 이야기들을 나눠주었고, 나는 킬킬 웃으며 읽었다. 남다른 건물주 할머니의 모습이 가장 충격적이었다. 그렇다고 고구마가 이어지는 이야기는 아니니 사이다는 준비하지 않아도 좋다.

이처럼 읽을마음에서 모으는 생일책 문장은 시간이 지날수록 조금씩 변화하고 있다. 처음에는 '한 문장'이었지만, 이제는 문장보다는 '문구'라고 표현해야 맞을 만큼 점점 많은 문장들이 생일책 커버에 쓰여진다. 그럼에도 문장이라고 말하는 이유는 우리 책방의 손님들 중 많은 사람이 책이라는 물건과 아직 친해지기 전인, 오랜만에 서점을 방문한 사람들이기 때문이다. 문구라는 말의 어감이 어색하지 않도록, 아는 단어를 써서 말하다 보니 문장, 또는 문장들이라고 소개하게 된다.

시간에 따라 한 책에서 다른 부분을 소개하다 보면, 내 마음이 닿는 부분이 달라질 때도 있어서 신기하다. 거기에, 문장들이 쌓여가는 만큼 나를 더 단단하게 만들어 가는 것 같다. 게으르지만 꾸준히 하나둘씩 모으다 보니, 어느덧 나는 수천 권의 책에서 수천 개의 문장을 모은 사람이 되었다,

소중한 데이터가 모이고 있지만, 매일 한 권을 읽어도 모자랄 만큼 빠르게 늘어나는 생일책은 결국 나 혼자만의 큐레이션으로는 완성할 수 없다. 읽을마음의 생일책을 읽은 독자들은, 책방지기를 대신해 문장과 키워드를 선정할 권리가 있다. 나만의 생일책을 만나 그 책을 읽고 마음에 들었다면, 내

가 읽은 이 책을 소개하기 좋을 문장을 발견했다면, 소개하고픈 키워드가 있다면 언제든지 읽을마음으로 연락을 부탁드린다. 책방지기가 하는 매일의 작업 가운데, 그 연락은 그날을 가장 빛내는 순간이 될 테니까.

응원하는 사람

 지난 십 년 간 열 번 다녀온 나라가 있다. 군대에서 나와서 처음으로 혼자 떠난 해외여행지였다. 전역과 동시에 취준생이 되었기에 빠듯한 살림에 찾게 된 그곳은 당시에 왕복 16만 원에 다녀오는 비행기가 있었다. 3박 4일의 일정 동안 비행기 삯을 포함해 40만 원만 쓴 짠돌이 여행이었다. 일본이지만 본토와는 사뭇 다른 분위기를 지닌 섬, 오키나와였다.

 지난 10년 동안 오키나와에 왜 자꾸 가게 되었는지는 나도 잘 모르겠다. 매년 오키나와로 떠나는 나에게 친구들은 또 본가에 가냐, 이쯤 되면 살림을 합치라고, 언제 소개시켜 줄 거냐고 놀리기도 한다. 하지만 그곳에 나를 기다리고 있는 사람은 없다. 내가 일방적으로 그곳을 그리워할 뿐이다. 뚜렷하진 않지만, 매년 그곳에 가다 보면 매번 생각나고 매번 덧입혀지는 기억들이 있다. 그 몇 가지가 같은 나라로의 여행을 거의 매년 다녀오게 하는 것 같다.

첫 번째 기억은 할머니 두 분이 하는 작은 식당이다. 오키나와에서 가장 번화한 국제거리에서 살짝 떨어진 곳, 옆 가게들이 팬데믹 사이에 모두 철거되고도 여전히 자리를 지키고 있는 그곳은 소바와 우동, 그리고 유부초밥을 파는 것이 전부다. 언젠가부터 관광객을 위한 번역본 메뉴판이 등장하긴 했지만, 여전히 관광객보다는 동네 어르신들이 간단히 한 끼를 때우러 방문하는 일이 더 많은 작은 식당이다.

이곳에 처음 발걸음을 하게 된 것도 그 어르신들 덕분이었다. 빠듯한 40만 원 예산에 배는 고팠고, 지도 앱이 지금처럼 활성화되어 있지 않은 시절이라 맛집을 찾는 일도 쉽지 않았다. 작업복을 입은 할아버지가 거침없이 어느 허름한 식당 노렌(가림막)을 젖히고 들어가는 모습을 보며, 왠지 믿음이 갔다. 식당 간판에는 '소바와 우동'이라는 일본어가 한자 없이 적혀 있어서 나도 읽을 수 있었기에 더 수월했다.

그렇게 입장한 가게에서 따뜻한 소바를 하나 주문했다. 가게 벽에는 수많은 사람들이 압정으로 꽂아 둔 명함이 붙어 있었는데, 한글로 된 명함을 찾아볼 수 없었다. 제대로 찾아왔다는 생각이 드는 순간, 정말 빠른 속도로 소바가 나왔다. 푸짐한 양에 놀라고, 분명히 아는 맛이지만 너무 맛있어서 다시 한번 놀랐다. 주인아주머니와 간단히 이야기를 나누다가, 할머니가 겨울연가를 볼 때마다 울었고 욘사마 팬이라는 사실을 알게 되었다.

 한 해가 지나고 사회인이 된 나는 다시 오키나와를 찾았다. 첫 코스는 그 소바 식당이었다. 소바를 주문하고, 드디어 생긴 명함을 가게 벽에 붙였다. 할머니는 압정을 건네주었고 나는 작년에 이곳에 왔다며 이야기를 꺼냈다. 할머니는 다시 겨울연가를 보며 울었다는 이야기와 욘사마 이야기를 들려주었다. 그다음 해에는 부업으로 커뮤니티 사이트를 운영해보려고 만든 명함을 갖다 두었다. 할머니의 겨울연가 사랑은 여전했다. 책방을 연 뒤로도 나의 발걸음은 계속됐다.

 그러다 팬데믹 동안 가지 못했던 오키나와를, 엔데믹 이후 한 해에만 세 번이나 찾게 되었다. 한 번은 영화 「안경」 속의 요론 섬을 보러, 한 번은 지인들을 데리고 가이드처럼, 한 번은 특가 항공권이 보여서 일단 떠났다. 예전에 명함을 붙여 두었던 자리에는 벽걸이 공기청정기가 들어서는 바람에 오래된 내 명함들을 볼 수 없었지만, 책방지기가 되고 나서 붙인 명함은 아직 남아 있었다. 일 년에 한 번 오는 관광객인 나를 할머니는 기억하지 못했지만, 우리가 나누게 된 이야기에는 변화가 있었다. 할머니는 '사랑의 불시착'을 재미있게 보았다고 이야기해 주었다.

그 사이 소바집은 예전보다 조금 더 관광객이 자주 오는 식당이 되었다. 오래전 내가 남긴 리뷰가 도움이 되었기를 바라면서도, 그것 때문에 루틴대로 일하시던 할머님들이 괜한 불편을 겪지 않았으면 좋겠다는 마음도 생겼다.

두 번째 기억은 이곳의 애매함이다. 오키나와는 열대지방만큼 바다가 따뜻하지도 않고, 일본 본토만큼 맛있는 요리가 많지도 않다. 바다 한가운데 있는 섬이지만, 의외로 생선요리가 그리 발달하지도 않았고 오히려 오랫동안 주둔하고 있는 미군기지의 영향을 받아 미국 같은 분위기를 가진 지역이 있다. 그러다 보니 관광으로 오는 사람들은 국제거리와 만좌모, 츄라우미 수족관 정도를 돌고 나면 굳이 오키나와에 두 번 오는 일은 많이 없는 것 같다.

그 점이 좋았다. 조금만 현지인들이 있는 시장으로 파고들며 오키나와 구석구석을 돌아다니다 보면 관광객과는 전혀 상관없는 지역이 가득이었다. 언젠가부터 일 년에 한 번 가면서도 반갑게 안부를 묻고 이런저런 이야기를 나누는 위스키바가 생기고, 그곳에서 만난 현지인분들에게 추천받은 새 장소들을 저장해 두게 됐다. 그렇게 오키나와 구석구석 갈 곳이 계속해서 늘어나고 있다.

한겨울에 갈 수 있는 따뜻한 곳인 것도 마음에 들었다. 더위를 많이 타는 나에게는 오키나와보다 더 내려가는 지역은 휴가라고 부를 수가 없다. 겨울에 굳이 그런 곳을 찾아가고 싶지 않다. 겨울에 여행을 가면 반팔과 패딩이 공존하는 오키나와의 애매한 기후가 마음에 들었다.

최근에는 다른 장점도 보이게 됐다. 미혼 남자 혼자서 동남아 쪽으로 여행을 자주 다녀오게 되면 아무래도 사회적 시선이 썩 곱지 않을 것 같다는 생각이 들게 된 것이다. 시골 같아 무해한 오키나와였기에, 묘한 억울함이 생길 일 없이, 눈치 볼 것 없이 오갈 수 있었다는 생각이 든다.

반복되는 여행의 이유를 만들어 가자면 여러 가지가 있겠지만, 결국 내 청춘의 기록들이 여기에 있는 게 내가 매년 오키나와를 찾는 이유가 되어 가는 것 같다. 전역을 하고 취업을 준비하고 사회 초년생이 되고 책방지기가 될 때마다 붙인 명함들 때문일까. 이곳에 올 때마다, 그동안 살아낸 내 삶을 조용히 보고하러 오는 기분이 들었다.

오키나와 나하 공항 국제선 터미널의 식당가 한가운데에는 그랜드피아노가 한 대 놓여 있다. 오랫동안 피아노를 배웠던 나는 그 피아노를 보면서 나도 여기서 멋지게 한 곡 연주할 수 있는 사람이 되기를 바랐고, 시간이 날 때마다 피아노 연습을 하면서 저곳에서 박수를 받는 사람이 되고 싶다는 생각을 했었다. 하지만 언젠가부터 피아노와 관련한 좋은 추억이 많이 사라지게 되었고, 책방을 연 뒤로는 피아노 연주를 거의 하지 않았다.

책방지기가 되어 살던 어느 날, 오키나와에서 귀국 준비를 하며 터미널의 식당에 들어섰다. 열 살 남짓한 아이가 열심히 피아노를 치고 있었고, 아빠로 보이는 한 남자는 조금 떨어진 곳에서 그 모습을 스마트폰으로 담고 있었다.

문득 그들이 만드는 이 영상의 멋진 배경이 되고 싶다는 생각이 들었다. 연주가 끝나고, 위층에서 구경하는 나는 아래를 향해 큰 박수를 보내 주었다. 두 사람의 기억 속에 이곳이 오래오래 남기를 기대하면서.

책방은 결국 누군가의 읽을 마음을 응원하는 공간이다. 내가 쓰고 내가 표현하고 싶은 무언가를 파는 곳이 아니라, 누군가가 닿길 바라는 마음을 대신 소개하는 공간이다.

이곳을 운영하면서, 이 책방은 나를 조금 더 그런 사람으로 만들어 주었다. 내가 주목받길 바라는 마음들은 조금 내려놓을 줄 알게 하였고, 누군가의 꿈과 누군가의 표현을 조금 더 응원해 줄 줄 아는 사람으로 만들어 주었다.

Part 3.

새로운 이름

팬데믹 속 아이슬란드

장마철이 지나면 눅눅했던 공기도 조금씩 사라지는 것 같지만, 여름은 길다. 뒤늦은 무더위와 함께 습한 날씨도 다시 찾아온다. 비가 오는 날, 책방에 도착해 제습기를 보면 이미 물받이 통에 물이 가득 차 있다. 제습기가 쉬는 사이 눅눅해진 책방은 오늘도 습도 70%다. 제습기 물받이 통을 비우고 다시 55도에 맞춰 두고 잠시 기다리면 다시 쾌적한 책방이 된다.

제습기가 책방에 들어오던 해가 생각이 난다. 잠시 거리를 두면 끝날 줄 알았던 시간이 기약 없이 연장되던 시간. 줄어들던 확진자가 다시 늘어나며, 누구라도 원망하고 싶어지던 시간. 2021년이었다.

팬데믹으로 전 세계가 얼어붙은 시간, 오미크론이라는 녀

석이 오리라고는 상상도 못 한 채로, 조금씩 줄어드는 확진자에 희망을 걸다 다시 확진자가 폭증하던 때였다. 세상이 전염병의 행보에 발맞추어 소강상태에 있던 그때, 나는 얼어붙은 땅으로 여행을 떠났다. 전 세계에서 유일하게 모두가 마스크를 쓰지 않아도 되는 나라였다. 여행을 떠나게 된 가장 큰 계기는 뭐였을까. 돌아보면 더위와 습도였던 것 같다.

그해도 8월이 되자 책방의 습도는 70%를 넘어가기 시작했고, 뜨겁고 습한 공기로 가득했다. 창문이 없는 책방에 불마저 꺼져 있고, 밤새 뜨거운 공기와 습한 공기를 가득 머금은 책방은 들어가기조차 싫어지는 날도 있었다. 불편한 몸과 마음의 상태 모두를 여름 탓으로 돌리고 심호흡을 하며 8월을 지내던 중, 사람들이 마스크를 쓰고 다니지 않는 나라가 있다는 이야기를 접했다. 아이슬란드? 거기가 어디지? 어느 생일책 속에서, 그 나라에는 행복한 사람들이 많다는 이야기를 접한 것이 전부였다.

9월이 됐지만 온도도 습도도 똑같았다. 마스크 속이 습기로 가득 차고 책들도 눅눅한 듯한 착각이 일어나자 더는 참을 수 없었다. 오프라인에서 서로 만나지 않는 사람들은 정치에서, 사회에서 서로 만나지 못하고 같은 편도 아닌 사람들을 점점 더 미워하는 것 같아 보였다. 맞아, 아이슬란드. 그 나라는 행복하다던데. 하는 생각이 들어서 아이슬란드에 관한 책 몇 권을 주문해서 읽어 보았다. 정신을 차려 보니 아이슬란드행 왕복 항공권을 결제해 둔 뒤였다.

그해 여행에 쓴 돈은 내가 번 수익의 전부였다. 여행비를 많이 썼다기보다는 매출이 처참한 쪽에 가까웠다. 정체된 채 아무것도 하지 못한 2021년으로 한 해를 기억하고 싶지 않았다. '장사는 망했지만 무려 아이슬란드를 간 2021년'으로 기록하고 싶었다. 루프트한자 항공사의 비행기를 타고 경유지인 뮌헨으로 갔다. 비행기에 사람이 없어서 누워서 갈 때는 좋았지만. 경유지에 도착해서는 걱정이 들었다. PCR 검사지 기준이 매우 까다로울 때여서 독일을 경유하다 잘못되어 아이슬란드행 비행기를 못 타는 건 아닐까 하는 마음이었다. 아이슬란드 공항에 도착해 'Exit to Iceland'라는 표지판을 보고서야, 비로소 내가 정말 여기에 왔다는 실감이 났다.

호스텔에는 멋진 로비 겸 주점이 있었고, 저녁에는 핼러윈 코스튬을 입은 사람들이 모여 피자와 맥주를 즐겼다. 2021년의 가을에는 넷플릭스의 〈오징어 게임〉이 전 세계를 휩쓸고 있던 때라 드라마 속 병정들의 모습도 보였다. 얼마 되지 않는 동양인 중 유일한 한국인이었던 나는 사람들의 환대 속에 좋은 시간을 보내기도 하고 혼자서 사람 없는 땅을 누비며 다니기도 했다.

버틸 수 없어서 떠난 여행은 아주 만족스러웠다. 여행길이 대부분 끊긴 시절이었고, 아시아에서 아이슬란드를 방문하는 사람은 거의 없다시피 했다. 우리나라 크기와 비슷한 땅에 광명시 인구만큼 사는 나라는, 여행자가 없어서 평소보다 더 한적했다.

아이슬란드의 대중교통은 수도 레이캬비크를 제외하면 거의 없다. 차량을 빌려야만 움직일 수 있는 데다 물가도 비싸서 보통 네 명씩 카풀로 여행하는 것이 공식처럼 되어 있고 관련 카페도 있지만, 어느 때보다 사람이 없는 때 도착한 이런 기회를 놓칠 수 없었다. 결국 사륜구동이 되는 좋은 차를 빌렸다. 보험료까지 추가하니 항공권보다 비쌌다. 혼자서 사람 한 명 없는 아이슬란드 땅을 신나게 돌아다녔다. 숙소마다 만나는 여행자들과도 쉽게 친해졌다. 〈오징어 게임〉 속 게임과 달고나 이야기를 할 수 있는 유일한 사람이다 보니 어디에서나 한국인을 반겼다. 가끔씩 그때 사진들과 기록들, 녹음해 온 소리들을 듣다 보면, 정말 인생에 한 번뿐인 시간을 아주 잘 보냈다고 생각한다.

여행을 떠나기 전, 아이슬란드에 대해 하나하나 알아 가며 내가 읽은 것은 여행책보다는 아이슬란드가 담긴 에세이와 소설이었다. 그러다 이 작은 나라에 꾸준히 책이 나오고, 그 어떤 나라보다 작가가 많고, 사람들이 책을 좋아한다는 점을 알게 됐고, 더 흥미가 생겼다. 여행을 가기 위한 핑계를 붙이는 과정이었지만, 책방지기가 가는 여행인 만큼 명분이 있으면 더 좋을 거라 생각하며 분석했다. 우리나라보다 물가 대비 책값이 두 배는 더 비싼 나라. 인터넷은 우리나라만큼이나 잘 발달한 아이슬란드에서, 왜 사람들은 아직도 책을 읽을까 궁금했다.

아이슬란드 여행을 준비하는 과정에서, 그리고 그 땅을 탐험해 가는 과정에서 나는 그 답을 조금은 찾았다. 아이슬란드에서는 사람과 사람 사이 거리가 멀다. 어쩌면 너무 멀리, 어쩌면 충분히. 그 거리는 오히려 사람들에게 서로가 '이웃'이라는 기분이 들게 하는 것 같다.

이웃의 개념은 물리적인 거리에 있지 않다. 물리적인 거리가 다라면 누구보다 가까운 아파트 옆집 앞집 윗집 아랫집은 가장 소중한 이웃이 될 것이다. 하지만 도시에서는 점점 그 거리가 멀어지고 있다. 오히려 층간소음과 생활소음을 일으킬 수 있는 존재다. 그것도 의도치 않게.

하지만 아이슬란드의 광활한 땅에서는 의도치 않은 이웃의 피해는 덜하다. 오히려 유사시 서로에게 도움을 요청할 수 있는 의도적인 간섭 가능성이 있다. 여기에 전체 인구가 적은 특성을 더하면 묘한 동질감이 생긴다. 아이슬란드인들은 그들 전체를 서로 이웃이라고 생각하고 있었다. 실업률이 1% 오르면, 우리 사회에서는 '나만은 실직하지 않아야지' 하는 마음이 든다. 아이슬란드에서 실업률이 1% 올라간다면? '옆집 아이를 취업시켜라!'라며 시위가 일어난다. 남의 일이 아닌 것이다.

책도 수요와 공급의 영향을 받는 상품이다. 누군가 읽기를 바라며 책이 나오고, 누군가의 이야기를 읽고 싶은 사람이 있어야 팔린다. 우리나라는 이 두 영역이 상당히 비대칭적이다. 책을 내는 사람은 인구 1,000명당 2명을 넘어서며 세계 최상위권이지만, 책을 읽는 사람의 수는 아래에서 순위권이다. 하고 싶은 말은 많은데 듣고 싶은 사람은 없는 것이다.

아이슬란드 사람들은 남다른 문학가들이라 고퀄리티의 책만 내는 걸까? 그렇진 않을 거다. 하지만 조금은 어설픈 이야기라 할지라도 그 이야기에 기꺼이 귀 기울여줄 사람들, '이웃'이 있다. 그래서 아이슬란드의 책 시장은 그 비싼 책 가격에도 유지되고, 새로운 책이 계속 나오고, 크리스마스면 일 년 동안 읽을 '책 꾸러미'를 서로 선물하는 문화가 있다.

그래서 아이슬란드 사람들이 책을 읽는 이유를 나는 이렇게 결론지었다. 서로가 서로를 이웃으로 보는 나라이기 때문에 수많은 작가가 생기고 수많은 독자가 생기는 거라고.

결론을 내리고 나니 슬펐다. 우리나라에서는 이웃과의 거리도 만들 수 없었고 서로가 서로를 이웃으로 여길 만큼 인구가 적지도 않았다. '단지'보다 '마을'이라는 이름이 더 익숙하던 시절에는, 동네 아이의 훈육은 동네 어른들이 함께 맡았다고 한다. 너 어느 집 아이냐며 혼내고 예의를 가르칠 수 있었다. 이제는 그렇게 맡길 수도 없고 맡겨서도 안 된다. 서로가 서로를 이웃으로 대하지 않는 상황에서 아이를 그런 위험에 노출시킨다면 부모 자격이 없는 세상이다.

우리 사회가 이웃과의 관계와 거리를 회복하려면 이웃과

의 거리조절에 새로운 기준을 만들어야 할 것 같았다. 아마 울타리를 더 높이고 출입 절차를 강화하는 방향으로는 절대 나아지지 않을 것이다. 그건 이웃을 만들기 위해 또 다른 '이웃이 아닌 존재'를 늘려가는 방식이니까.

끝없이 얼어붙은 땅을 걸으면서도 문제를 해결할 방법은 떠오르지 않았다. 하지만 언젠가 우리 사회도 다시 이웃의 가치를 깨닫고 서로 마음 문을 여는 쪽으로 바뀌기를, 빠르지는 않더라도 바른 방향으로 그렇게 가기를 소망하게 됐다. 그리고, 소망이 가득해진 마음속에서 책방의 새 이름이 떠올랐다.

읽을마음이란 이름은 그렇게 지구 반대편 어딘가에서 이웃을 찾던 마음에게 주어진 선물이다. 아이슬란드 어느 이름 없는 바닷가에 내가 이름을 붙여주기로 마음먹었을 때, 그 바다가 나에게 돌려준 이름이다.

뜸들이기, 결심하기

새 이름을 마음속에 품고 나자, 생일책을 시작할 때처럼 익숙한 조급함이 다시 찾아왔다.

'기껏 지은 이름인데, 누가 먼저 하면 어떡하지?'

하지만 책방을 운영하면서 거둔 작은 성과들을 통해 나는 이전보다 많이 담대해져 있었다. 스스로의 조급함을 다룰 수 있는, 성과들을 통해 쌓아 둔 자신감도 있었다. 비슷한 생각은 누구나 할 수 있지만, 거기에 누구보다 깊은 애정을 쏟는 사람이 된다면 결과물은 전혀 다를 수 있다는 것도 믿게 되었다.

'읽을마음은 생각보다 쉬이 생각하지 못할 이름이다.'
'누군가 먼저 한다면, 결국 누구나 떠올릴 수 있는 이름일

거다. 그렇다면 나는 더 좋은 이름을 지을 수 있다.'

'이게 정말 좋은 이름인지는 시간이 더 흘러야 알 수 있다.'

일 년이 넘게, 오랫동안 뜸을 들였다. 그사이 마음속에서는 여러 이름들이 찾아오고 떠나갔다. 자리에서 벌떡 일어날 만큼 놓치기 아쉬운 이름들도 떠올랐지만, 조금 시간이 지나고 보면 오래오래 각인될 이름이 아니라는 생각이 찾아와서 놓아주곤 했다. 다른 이름들이 모두 시간 속에 가라앉을 동안, 읽을마음이라는 이름은 마음속에 부유해 있었다. 하지만 여전히 용기가 부족했다. 기껏 만든 책방의 브랜드를 굳이 바꿔야 하는지, 이 다소 힘없는 이름을 정말 각인시킬 수 있을지.

그러다 결정의 시간이 왔다. 아이슬란드가 읽을마음의 이름을 지어 줬다면, 리브랜딩을 하기로 결심을 굳힌 곳은 또 다른 섬이었다. 오키나와 북부에 있는 요론 섬이다.

"미안해요. 그래도 읽을마음은 꼭 했으면 좋겠어요!"

사실 혼자 섬에 올 계획은 아니었다. 목적지도 요론 섬이 아니라 오키나와 본토였다. 하지만 갑작스레 혼자만의 여행이 되고 나니, 사람이 없는 섬으로 가 버리고 싶었다. 읽을마음에 대한 이야기를 함께 나누고 지지해 주던 사람과의 인연이 갑작스레 정리되었고, 이틀 뒤 비행기를 탔다. 요론 섬에 도착했을 때는 한 해의 마지막 날이었다. 신정 연휴를 길게 보내는 일본이어서 숙소를 제외한 대부분의 가게들 문이 닫혀 있었다.

　대중교통도 없고 렌터카 업체도 쉬는 시기라 작은 섬을 부지런히 걸어 다녔다. 저녁에는 영화 〈헤어질 결심〉을 봤다. 새해 일출을 보고 섬을 돌다가, 아주 작은, 온전히 나만의 해변을 찾았다. 다음 날에는 해가 뜰 무렵 그 해변을 찾아가서 해가 질 때까지 바다를 바라보고 있었다. 해변 모래에 작은 구덩이를 파고, 나 대신 내 안의 빈 마음만 조용히 묻으며 혼자만의 청승맞은 시간을 보냈다.

　그다음 날도 그곳을 찾았다. 내가 오간 발자국도 모두 지워진 바다에서, 지나간 일과 내가 앞으로 할 일이 조금은 정리된 기분이었다. 준 마음은 되돌릴 수 없지만, '읽을마음'은 처음부터 내 것이었으니까. 분리가 분명히 되고 나니, 앞으로 나아갈 마음이 생겼다. 영화의 이름처럼, 공간의 이름을 붙이는 것도 '결심'이 필요한 때라는 생각이 들었다.

여행에서 돌아온 나는 빠르게 리브랜딩 작업에 착수했다. SNS에 리브랜딩 기획안을 알리고, 동시에 로고 디자인 공모전도 준비하기 시작했다. 해 오던 모든 것을 뒤엎는 시간이 시작됐다.

리브랜딩 : 읽을마음

 읽을마음이라는 글자를 이루는 자음들은 둥글둥글하다. 이전 책방 이름인 꿈꾸는 별 책방에 들어가는 된소리도 거센소리도 읽을마음에는 들어있지 않다. 자음으로만 적어두면 ㅇㅇㅁㅇ이다. 브랜드를 알리기에 이렇게 특색 없는 이름도 드물 것이다. 하지만 주변의 반대에도 나는 읽을마음으로의 전환이 꼭 필요하다고 생각했다. 그래서 5년을 운영한 책방의 이름을 기어이 바꾸고야 말았다.

 둥글둥글한 자음을 가진 읽을마음을 시도할 수 있었던 것은 생일책이 가지고 있는 가치 덕분이었다. 자신과 같은 날 태어난 누군가의 책이라는 것은 어떤 사람들에게는 아무 의미도 없을 수 있다. 상대방이 나에게 아무 관심도 갖지 않을 텐데 내가 호의를 베풀 이유가 없다는 사람들에게는 더욱 그렇다. 하지만 책방에 방문한 분들은 그 우연의 일치에 엄청난 의미부여를 할 줄 아는 사람들이다. 제목도 작가도 알려주지 않는 불친절한 책방이지만, 이 불친절함이 누군가가 시간을 들여 모으고 옷을 입힌 결과물이라는 것을 깨닫고 반전되는 순간, 바로 그 순간이 읽을마음이 경이로움을 선사하는 시간이다. 그리고 그 시간은 책방지기 혼자 만들 수 없다. 그래서 책방을 하면서, 나는 어느새 손님들을 진심으로 좋아하게 되었다.

수많은 책들 중 오직 '내 생일' 하나가 적힌 책만이 내게 의미가 있다는 것. 그리고 그 단 하나의 책이, 이곳 어딘가에 반드시 있다는 것. 거기까지 생각이 이어진 손님들은 자신을 기다리는 그 책을 반드시 찾아내고자 하는 마음에 사로잡힌다. 서점이라는 장소는 원하는 책을 사는 장소거나 새로운 책을 알게 되는 장소이지만 읽을마음에서는 조금 다르다. 이곳은 모르는 책을 원하게 되는 장소니까.

읽을마음과 비슷하고 브랜드 네임으로 더 적합한 이름은 '읽는마음'이다. '조사' 을과 는이 아닌 '어미' 을과 는의 역할은, 비슷하면서도 바꿔 사용할 수 없는 표현이다. 책방의 이름을 정하면서 이것도 정말 오래 고민하게 되는 지점이었다. 하지만 어느 순간 모든 고민이 명쾌하게 풀리게 되는 순간이 있었다. 나는 서점을 하고 있었고, 서점은 책을 '판매'하는 곳이라는 깨달음이었다.

지난 파트에서 말했듯, 도서관이 있는 한 책은 굳이 사서 읽지 않아도 되는 물건이다. 빠르게 접근해야 하는 정보는 이제 책보다는 다른 콘텐츠들에서 더 양질의 정보를 얻을 수 있고, 좋아하는 작가의 책은 누구보다 빠르게 도서관에 신청해 두면 된다. 정 안된다면, 기다리면 무료다.

합리적인 소비에만 맡긴다면 책은 열심히 쓸 필요가 없는 물건이 된다. 그럼에도 누군가는 글을 쓰고 누군가는 사는 이 시장은 사람들의 선의와 비합리적 소비에 기대어 있다. 무용한 것들을 좋아하고 응원하는 마음을 여직 가지고 있는 사람들이 책방을 찾는다. 그리고 책방지기는 그 사람들에게 책을 팔아야만 한다. 책방지기가 제 역할을 다하지 못해서 손님이 모두 그냥 돌아간다면, 책을 만든 사람들은 한 푼도 받지 못할 테니까.

모르는 책을 원하게 만들고, 그 책을 기꺼이 읽'을' 마음을 품게 하고 싶은 서점. 어미 '-을'은 미래형이다. 의지를 담고 있다. 타인의 마음을 기꺼이 받아들이는 선한 독자들이, 보다 능동적으로 책을 갖고 싶어 하게 만드는 서점. 그것이 읽을마음이 가진 첫 번째 의미이다. 더 강한 표현으로는 '결심'이 있다. 앞서 여행에서 본 영화에 그 의미가 잘 담겨 있고, 그 영화를 통해 깨달은 것들도 책방의 이름에 담겨 있으니 '읽을마음'이 갖고 있는 의미 속에는 '읽을 결심'도 들어 있는 셈이다.

그렇게 '을'과 '는'에서 을로 마음을 정한 뒤로 떠오른 두 번째 의미가 있다. 책 속의 이야기에 대한 영역이다. 책 속의 이야기는 독자가 그 책을 열 때까지 고이 잠들어 있다. 기다림이 일 년이 될지, 십 년이 될지, 오랜 시간 땅 속에 묻혀 있다 미래인이 발견한 어느 시간이 될지는 모르지만 그때 펼쳐지더라도 그 책은 펼쳐지는 순간 생명력을 부여받는다. 그 생명력의 시작은, 그 글을 쓴 이의 간절한 염원에 있다. 세상에 나오는 모든 책은 누군가가 읽어주기를 바라는 마음으로 쓰여졌기 때문이다. 읽을마음의 두 번째 의미는 '누군가가 읽을, 누군가의 마음'이다. 읽는마음이 독자의 자리라면, 읽을마음은 저자의 자리다. 누군가 읽어주길 바라는 마음, 읽어야 할 마음이다.

어슐러 르 귄의 책 제목처럼, 나와 당신 같은 사람들은 읽을 거리를 찾을 수만 있다면 어떻게든 읽을 것이다. 하지만 그러기 위해서 오늘날은 우리 손끝에 달린 모든 유혹들에서 우리를 조금 떼어 놓아야 한다. 꼭 읽지 않아도 되는 소설 속 이야기보다, 시시콜콜하고 하찮은 에세이보다 더 유력하고 멋진 사람들의 이야기와 콘텐츠를 손안에서 얼마든지 접할 수 있는 시대다. 그러나 누군가와 이웃이 되기 위해서는 잠시 그것들에게서 손을 떼어 놓아야 한다. 그래서 오늘날의 책읽기는 더 많은 의지와 능동성을 필요로 하고, 읽을마음의 이름은 그래서 더 읽을마음이어야 했다.

많은 의미들을 담다 보니 여전히 책방 이름을 바꾼 이유에 대해 말할 때 버벅거리게 된다. 일 년 정도 버벅대다 보니 지난 몇 페이지에 걸쳐 한 이야기들을 한마디로 축약할 수는 있게 되었다. 생일책을 소개하는 멘트처럼, 이 말도 몇 년 더 같은 대사를 반복하다 보면, 언젠가는 더 예쁘게 벼려지기를 바라며 다시 한 번 꺼내 본다. "요즘 같은 세상에 책을 팔려면, 필요한 건 읽을 마음이더라고요."

다시 찾아온 선택의 시간, 로고디자인

나는 디자인을 할 줄 모른다. 그럼에도 수년 동안 쥐어짜다 보니 지금의 생일책 표지 정도는 타이포그래피로 표현할 수 있게 되었다. 하지만 거기까지가 내 한계라는 것도 알고 있다. 파는 물건이 책이 아니었다면 시도조차 하지 못했을 일이다.

그래서 이전의 책방부터 디자인공모전 사이트를 적극적으로 이용했다. 상금을 걸고 수십 개의 시안을 받아보고, 그중 원하는 디자인을 채택해 그 디자인 창작자에게 상금이 전해지는 방식이다.

다행히도 나는 내가 원하는 가치들을 텍스트로는 표현할 줄 알았다. 뭉게뭉게 피어오른 생각들을 디자이너분들을 위해 적당히 정리해서 공모전 사이트에 올렸다. 많은 디자이너

분들이 저마다의 상상력으로 로고를 디자인해서 올려 주었다. 드디어 선택의 시간, 내 상상 이상으로 뛰어난 디자인 시안들을 받아 보게 되었다. 톡톡 튀는 시안도 있었고, 어디에 내놓아도 있어보임직한 깔끔한 시안도 있었다.

예전 책방의 시안을 고를 때는 보다 때가 묻지 않은, '디자이너의 공식'이라는 것이 있다면 그 공식에서 좀 벗어난 디자인을 채택했다. 책방도 아마추어였고, 복잡한 이름이 좀 더 리듬감 있게 보이고 싶었기 때문이다. 예전 로고를 본 사람들은 알겠지만 이 로고는 가운데 정렬을 하기도 애매하고 명함에서도 어느 위치에 넣어야 할지 고민이 많이 되는 구도로 만들어져 있다. 하지만 그래서 나는 정말 그 로고가 마음에 들었다. 공모를 진행한 사이트는 구조상 시안을 최종 선택하고 나서야 디자이너의 이력을 볼 수 있었는데, 예상대로 현직 대학 디자인학과 학생 신분의 디자이너였다. 지금은 책방처럼 사회에서 제 몫을 다하고 있을 멋진 디자이너가 아닐까 생각한다.

읽을마음의 브랜딩도 비슷한 단계를 거쳤다. 처음 떠올린 로고는 아주 단순했다. 자음 ㅇㅇㅁㅇ을 위아래로 배치한 구조. 디자인 의뢰를 하는 글에도 이 디자인을 위주로 의뢰를 했고, 그 결과 수십 개의 ㅇㅇㅁㅇ 디자인 변주곡을 만나게 되었다. 책으로 지붕을 만든 시안도, 책 속에 자음이 들어 있는 시안도 있었다. 지금의 로고와 마지막까지 고민하게 만들었던, 인상적인 시안들이었다. 그런데 결국 다들 조금 애매하다고 여겼던 지금의 시안을 선택했다.

결정은 쉽지 않았다. 하지만 나 혼자 고민하는 것과 달리 디자인 공모전은 1위를 선정하기 위한 마감기한이 존재한다. 빠르게 생각을 이어 나가다가 어느 순간 하나의 결론에 도달하게 됐다. 내가 내린 결론, 이 로고에 대한 생각은 다음과 같았다.

'이 로고는 읽을 마음이 있는 사람만 읽을 수 있다.'

모음 일부를 탈락시킨 이 로고디자인은 언뜻 보면 그림처럼 보인다. 책방 로고가 박힌 쇼핑백을 들고 다녀도 쇼핑백을 마주친 사람들은 그것을 읽으려는 시도를 하지 않을 것 같았다. 그래서 오히려 다양한 굿즈에 자연스럽게 어울릴 수 있을 거라 생각했다. 책방 광고처럼 보이지 않아서, 이 책의 표지처럼 일상에 자연스레 녹아들 수 있을 것 같았다.

사람들이 알아보는 일이 적다면 브랜드 가치에서 손해 아닐까? 그렇게 생각할 수도 있다. 하지만 나는 '내적 친밀감'이라는 개념에 집중했다. 어떻게든 읽을마음의 로고를 접하고 이 로고를 읽은 사람들은, 어디선가 읽을마음을 만나면 누구보다 반가워할 것이다. 나는 저 로고를 읽을 수 있는 사람이니까. 실제로 요즘에는 북페어에서 읽을마음 쇼핑백을 본 주변 책방 사장님들이 반가운 마음으로 나에게 그 소식을 전해주시기도 한다.

그렇게 책방의 로고를 정하고 간판을 만들어 달았다. 간판을 다는 날, 지나가던 동네 어르신들이 하나둘씩 모여 간판에 적힌 기호의 의미를 궁금해하셨다.

"이거, 어떻게 읽어야 하는 거야?"

한 어르신이 더듬더듬 한 글자씩 읽기 시작하셨다.

"010....272...."

책방의 불친절함이 하나 더 늘었다.

만들어온 것들 부정하기

 책방에 새 이름을 붙이고 그 이름을 알리는 작업은 생각보다 훨씬 많은 일이 필요했다. 책방을 이전하는 일보다는, 새로 창업하는 것에 가까웠다.

 먼저는 사업자등록증상 사업장명을 바꿨다. 주소를 바꾸는 것보다 조금 시간이 걸리기는 했지만 어렵지는 않았다. 바뀐 사업자등록증 사본을 직거래 출판사와 총판에 각각 보내며 정리를 시작했다.

 다음은 사업계좌였다. 통장명을 모두 바꿔야 했다. 내 이름 옆에 쓰여 있던 꿈꾸는 별 책방이 모두 읽을마음으로 바뀌었다. 이 정도만 하면 되겠지 하고 생각했지만 다음은 VAN사에 연락을 해야 했다. 카드결제 시, 영수증에 새 가게 이름이 인쇄되어야 하기 때문이다. 카드대금을 입금 받을 통장사본도 다시 보내야 했다. 공인인증서도 새로 발급받았다. 은행 업무용, 세금계산서 발급용 인증서는 발급이 쉬웠지만, 전자입찰용 인증서는 재발급이 까다로워서 또 시간이 걸렸다. 그래도 이렇게 행정적인 영역에서는 읽을마음의 이름으로 하나씩 바꿔 갔다.

하지만 홍보의 영역으로 넘어가자 생각보다 내 손으로 꿈꾸는 별 책방의 흔적을 많이 지워야 했다. 마치 내가 스스로 '꿈꾸는 별 책방 기록말살형'을 내리는 듯한 시간이었다. 읽을마음이라는 둥글둥글한 이름을 소개하기 위해서는 사람들의 입에 이미 붙어버린 '별책방'을 빠르게 지워야 했고, 가장 빠른 방법은 이름을 바꾼 책방의 존재감을 열심히 내보이며 새 이름을 각인시키는 것뿐이었다.

내가 만든 흔적들을 철저하게 내 손으로 지워야만 새 브랜드가 각인될 수 있다는 걸 새삼 깨닫게 됐다. 바꾸기를 머뭇거리던 간판을 빠르게 떼고, 새로 디자인한 로고이미지로 새 간판을 주문해서 달았다. 쇼핑백도 새로 만들고, 북박스도 새로 디자인했다.

하지만 만들어둔 북박스가 천 개 이상 남아 있었다. 그냥 버리기에는 너무 목돈이어서, 처음의 굳은 의지와 달리 결국 타협을 하고 말았다. 역시 게으른 서점이라니까. 어차피 당분간은 지도 앱이든 SNS든 '읽을마음(구 꿈꾸는 별 책방)'이라는 이름을 병기해야 했으니까, 북박스가 모두 소진될 때까지는 별책방 흔적도 조금은 남겨 두기로 결정했다.

북박스가 소진되자 더욱 본격적으로 책방의 예전 이름을 지웠다. 지도 앱에서도, SNS 속에서도 과거의 이름들은 더 이상 나오지 않도록 하나씩 삭제해 갔다. 리브랜딩은 봄에 시작했지만, 새해를 얼마 남기지 않은 초겨울이 되어서야 책방 이름 옆에 붙어 있던 '구 이름'들을 모두 떼어낼 수 있었다.

새로 만든 것 우기기

 한 연예기획사의 역대 아이돌들이 한 프로그램에 나와서 팀을 소개하는 인사를 하는 영상을 봤다. 시대에 따라 인사의 방식도 조금씩 달라졌다. 어느 순간부터는 그룹들을 소개하는 멘트가 영어가 되더니, 오히려 최근에 와서는 자기소개 문구라는 개념이 사라진 것이 인상적이었다. 그들 중 가장 오래전에 나온 아이돌 그룹의 멤버는 별도의 자기소개 없이 '키워주세요'라고 자신들을 소개했었다고 밝혔다. 아직 스스로를 홍보하는 방식에 대해 자리가 잡히기 전 시대인 만큼, 어린 나이에 데뷔한 자신들이 스스로를 소개하는 최선의 방식이었다고 한다.

 가게 이름을 바꾸고 나니 어떻게 소개해야 할지 고민이 됐다. 읽을마음을 수식하는 또 다른 무언가를 넣어야 하나? 그걸 넣지 않고 싶어서 이름을 바꾼 것일 텐데. 여러 고민 끝에, 책방을 설명하는 모든 문장에 '읽을마음'을 욱여넣기 시작했다. 이 책에 유난히 책방 이름이 자주 들어가 있는 것은 그 때문이다.

적응에는 시간이 필요했다. 예전 책방과 이번 책방의 이름이 서로 겹치는 부분이 하나도 없다 보니, 모두를 기억하고 있는 손님들 중에서는 간혹 '읽을책방'이라고 소개하기도 한다.

그럼에도 누군가는 이 생소한 이름을 '당연한 명사'로 밀어붙여야 했고, 개인사업장인 이 책방에서 그 역할을 할 사람은 결국 나밖에 없었다. 읽을마음이라는 이름이 누군가의 마음에 가닿든 그렇지 않든, 일단 외치는 사람은 나여야 했다.

주위 사람들의 아리송한 반응들은 바뀌기까지 조금 시간이 걸려서 나를 초조하게 했다. 물론 내색은 하지 않았지만. 오히려 이름을 바꾸고 나서 새로 책방을 알게 된 분들의 반응이, 내가 계속 읽을마음을 밀어붙일 수 있는 힘이 되어 주었다.

"세상에, 어떻게 책방 이름이 그렇게 예뻐요!"

문학동네 30주년 기념행사에 초청받은 날, 정말 생일책에 넣고 싶었던 시인님이 같은 테이블에 앉아 계셨다. 정말 겨우겨우 이야기를 꺼내서 책방과 생일책 이야기를 하며 명함을 건네드렸는데, 명함을 받자마자 위와 같은 반응을 보여주셨다. 그 순간부터 조금 더 당당해졌다. 이건 무려 '그분'이 예쁘다고 말해 주신 이름이야! 우리 책방에만 생일이 있을 이 시인님의 책은 10월 25일의 생일책 속에 들어 있다.

일 년이 지나고 다시 반년이 지난 어느 날, 반가운 소식이 왔다. '읽을마음'이라는 이름이 정식으로 '상표 등록'됐다는 기쁜 소식이었다. 상표에 대한 권리는 분류별로 별도로 존재하는데, 서적과 종이 인쇄물에 대한 상표인 '16류'와 서점, 기념서적 소매업 등에 대한 권한인 '35류'가 모두 통과되었다.

상표권으로 인정되지 않는 이름도 많다. 사람들이 흔히 사용하여 식별력이 없는 단어나 현저한 지리적 명칭 같은 경우는 단순히 여러 이름을 결합한다 해도 상표권을 인정받을 수 없고, 이미 많은 사람이 쓰고 있는 단어일 경우 더더욱 상표인지를 식별할 수 없는 표장이라며 반려된다. '생일+책'으로 상표권을 신청하는 사람이 없는 것도 마찬가지 이유다.

보통은 그래서 텍스트보다 로고 디자인으로 상표를 인정받게 된다. 로고에는 디자인적 요소도 함께 있기 때문에 상대적으로 상표를 인정받기 수월하다. 하지만 읽을마음의 로고디자인은 공신력 있는 로고디자인 공모전을 통해 제작되었으므로 별도 권리가 증명되니 상표권은 텍스트로 된 문구로만 신청했다. 그런데 신청한 두 가지 텍스트 상표가 모두 인정된 것이다.

'읽을마음'이라는 이름이 여태까지 사람들에게 고루 쓰이지 않았다는 것, 그리고 나름의 의미를 담아 제작한 이 이름이 고유명사로 쓰일 자격이 있음을 인정받은 것 같아 정말 기뻤다. 그동안의 '우격다짐'이 결실을 맺은 것 같은 순간이었다.

책방 이름으로 쓰이는 35류는 이미 사업자등록을 통해 사용하고 있었지만, 인쇄물에 대한 상표인 16류는 내가 상표를 획득했다 해도 다른 사람이 ISBN을 발급받아 책으로 낼 경우 서로의 권리를 주장하는 복잡한 상황이 찾아올 수 있다. 그래서 나는 책 시장에도 '읽을마음' 알박기를 시전하기로 마음을 먹었다. 책을 반 이상 읽은 여러분들에게만 살짝 고백하자면, 책방지기에게 이 책이 필요한 이유는 사실 이 부분이 컸다. 첫 책에는 담지 못한, 앞으로 하고 싶은 이야기를 마음껏 쓰기 위한 나만의 이름을 갖추게 된 셈이다.

책에 새 옷을 입히는 일

 책방을 오픈하고 처음 생일책을 만들 무렵의 북커버는 하얀색이었다. 책방만의 브랜드 컬러를 만들고 싶었는데, 도저히 정하지를 못해서 모든 가능성을 열어 두고 흰색으로 정했다. 게으른 책방지기의 북커버 선택은 그렇게 시작되었다. 디자인에 대해서도 고민이 끝나지 않은 탓에, 날짜 정보와 문장, 키워드, 책 가격과 같은 정보를 라벨지에 출력해서 붙이는 방식을 선택했다.

 책방에 처음 새 책들이 도착하고 매일같이 생일책을 완성하기 위해 작업을 할 때는 몰랐는데, 책 본래의 표지를 따라 알록달록하던 책장이 점점 하얗게 변해 가고 있었다. 북커버를 씌우는 방식 또한 어르신들이 어릴 적 달력으로 책 커버를 씌우던 방식처럼, 앞뒤 책날개를 따라 커버를 끼우는 방식이었다. 그러다 보니 사람들이 생일책을 보고 다이어리인지, 무지 노트인지 묻는 일이 많았다.

그땐 디자인이 좀 아쉽긴 해도 당장은 생일책이 내가 원하는 만큼의 북큐레이션을 갖추지 못했기 때문에 괜찮다고 생각했다. 완성되지 않은 채 유명해지기보다는, 책을 더 모으고 정돈한 뒤 알려져도 늦지 않다고 생각했다. 쓰고 보니, 역시 게으른 사람이 하는 책방이 맞다. 미루기의 천재인 것 같다.

당시 사용하던 포장종이는 뉴클로스였다. 하드커버 양장 제본 책들의 표지로 주로 사용하는 종이로, 광택이 나는 재질이다. 흰색 종이 중 비침이 없는 유일한 종이라 이 종이를 사용했다.

2019년 처음으로 서울국제도서전을 다녀와 수많은 생일책 날짜가 이가 빠진 듯 사라지고 다시 포장할 새 책들을 주문하게 된 날, 오늘이 아니면 생일책의 포장을 바꿀 수 없다는 생각이 들었다. 청바지 느낌이 나는 파란색을 다음 컬러로 정했다. 컬러가 들어가 비침 걱정이 없으니 종이도 바꿀 수 있었다. 광택이 없고, 상대적으로 저렴한 엔젤클로스를 사용하기 시작했다. 비용 면에서도 나은 선택이었지만, 무엇보다 촉감도 두께도 내가 가장 좋아하는 종이였다.

흰색에서 파란색으로 커버를 바꾸니, 오랫동안 팔리지 않고 남아 있는 흰색 책들이 눈에 보였고 그렇게 생일책 큐레이션을 좀 더 손볼 수 있었다. 시간이 지나고 흰색 책들이 모두 빠질 무렵에는 북커버를 갈색으로 바꿨다. 파란 커버의 책들이 얼마나 남겨져 있나 보기 위함이었지만, 팬데믹의 한복판에서 파란 커버들은 생각보다 잘 사라지지 않았다.

마스크를 쓰고 다니는 세상, 포장할 일이 아주 많이 줄어든 시간을 걷다 먼 여행을 다녀온 뒤에 결심이 섰다. 나는 오랫동안, 아주 오랫동안, 사실 책방을 열 때 하려던 디자인을 다시 시도하기로 했다.

이때까지의 북커버는 데이터를 모으는 데는 수월했지만 포장 단계에서 많은 작업이 필요했다. 북커버를 씌우는 것은 30초 안쪽으로도 가능했지만, 붙여야 할 라벨지가 다섯 가지다 보니 라벨을 붙이는 작업만큼이나 서로 다른 라벨을 출력하는 데에도 많은 품이 들었다. 하지만 변화의 필요성을 느낀 건 무엇보다 더 중요한 이유 두 가지가 있었다.

첫째로, 그렇게 붙인 라벨이 책의 전면에서 많은 면적을 차지하지 않고 있다 보니 SNS에 사진이 올라갔을 때 이것이 무엇인지 소개하는 효과가 부족했다. 인스타그램에 책 앞표지만 가득 차게 사진을 올리는 사람은 별로 없다. 보통 커피, 필통, 화분처럼 다른 소품과 함께 책을 배치한 사진들이 예쁘게 나온다. 그런데 당시의 북커버는 그렇게 배치했을 때 본문 내용은커녕 날짜도 잘 보이지 않았다.

또 하나의 문제는 비닐포장이었다. 라벨지가 작은 마찰에도 벗겨질 수 있다 보니, 그리고 생일책 특성상 내용물을 보이지 않게 포장해야 하다 보니 비닐포장이 필수였다. 하지만 동네책방과 지구를 사랑해 주는 많은 사람들에게 재활용이 불가능한 비닐의 존재는 아무래도 불편한 것이었고, 나도 비닐을 쓰지 않는 포장에 대해 굉장히 오래 고민했었다. 때로는 비닐을 다 벗겨버리고 싶은 마음에 일주일가량 포장에 손이 가지 않을 때도 있었으니까. 친환경 비닐도 하나둘씩 나왔지만, 불투명하거나 어마어마하게 바스락거리는 재질의 비닐만 나왔다.

이 두 가지 문제를 해결할 새 북커버가 필요했다. 가장 오랫동안 생각해 온 것은, 지금까지 써오던 것처럼 파란색이나

갈색 등 유색 종이에 흰색으로 프린트를 하는 방식이었다. 하지만 프린터에 흰색은 없다. 백색 잉크를 사용하는 특수 프린터를 사용해야 했다. 오랫동안 조사해오면서 몇 가지 방법을 찾아냈는데, 하나같이 고가의 제품만 찾을 수 있었다. 그마저도 티셔츠 등에 인쇄하는 용도의 잉크여서 몸에 좋지 않은 냄새가 난다거나, 해외에서만 판매해서 프린터 A/S를 받을 수 없는 문제가 있었다. 비용 문제는 결국 이윤과 관련되어 있었고 나는 정가 이상으로 책 가격을 책정할 마음이 없었다.

그렇게 방법은 찾았지만 현실적인 한계를 느끼며 절망하던 어느 날, 책방에서 라벨지를 출력하던 3만 원짜리 프린터로 출력을 해 봤다. 배경을 파랗게 하고 글자를 흰색으로 넣어서. 물론 프린터는 배경만 인쇄하고 글자 부분은 비워두겠지. 살짝만 번져도 글자를 알아볼 수 없을 거란 생각에 여태 하지 않았지만, 자포자기하는 심정으로 모니터의 출력 버튼을 눌렀다. 그렇게 결과물이 출력됐다.

"뭐야, 이거 왜 깔끔해?"

색지에 흰색 프린터를 한 것보다 더 깔끔할 것 같은 결과물이 출력됐다.

관점을 바꿨다. 그냥 A3프린터를 찾았다. 잉크에 염료와 안료가 있으며, 일반 프린터에 사용되는 염료보다는 안료잉크가 물기에 더 강하다는 정보를 얻었다. 비닐이 없으니 사람들의 손길이 그대로 북커버에 닿을 거고, 손에서 나오는 땀이나 얼룩 등에 강해야 하니 안료잉크를 선택했다. 그렇게 안료잉크를 사용하는 A3프린터가 도착하고 시범 출력을 시작했다. 정말 마음에 드는 결과물이 나왔다.

하지만 이것만으로는 포장이 완성되지 않는다. 비닐을 사용할 수밖에 없었던 이유는 책의 표지를, 제목과 작가를 숨기기 위한 것도 있었다. 읽을마음에서 사용하는 북커버는 책의 앞날개와 뒷날개 쪽에 끼우는 형태였는데, 이것으로는 책의 표지를 가릴 수 없다. 둘러진 북커버를 살짝 들춰 보는 것만으로, 위아래 쪽으로 책의 앞표지를 충분히 볼 수 있기 때문이다. 비닐은 이것을 막기 위한 용도였다.

화이트인쇄 문제와 별개로 이 부분에 대해서도 정말 오랫동안 고민했는데, 인쇄 문제를 해결할 즈음에 이것 또한 해결책을 찾게 됐다. 또 하나의 종이를 이용하는 방식이었다.

책을 가로로 씌우는 북커버는 앞표지 책날개에 끼우고 책을 한 바퀴 둘러 다시 앞표지 안쪽에서 커버가 만나도록 해서 봉인하고, 여기에 속커버를 추가해 포장된 책 안쪽에서 책을 세로로 한 겹 더 둘렀다. 속커버는 원색인 가로 북커버와 대조되도록 크라프트 종이에 신문 활자가 인쇄된 포장지를 사용했다. 그렇게 이중으로 두른 새 북커버가 완성됐고, 새해를 살짝 지나 인스타그램에 새 북커버를 공개했다. 반응이 정말 좋았다.

새 북커버의 앞면에는 예전처럼 생일날짜와 책 속의 문장이 적혀 있다. 다른 점은, 날짜도 책 속의 문장도 책 앞표지를 가득 채울 만큼 큰 글자라는 점이다. 사람들이 올린 생일책 사진 속에서, 책 소개 문장이 잘 보이기 시작했다.

뒷면에는 Blind Date With A Book이라는 문구를 제목 삼아 내가 좋아하는 문장을 넣었다. 마키아밸리가 독서의 기쁨을 소개한 구절이다. 이탈리아어로 쓰여 있는 이 문장은, 생일책을 만나는 대부분의 사람들이 읽을 수 없다. 물론 나도 못 읽는다. 여기에는 해석만 실어 둔다.

"저녁이 오면 나는 집으로 돌아와 서재로 들어가네. 문 앞에서 온

통 흙먼지로 뒤덮인 일상의 옷을 벗고 관복으로 갈아입지. 예절에 맞는 복장을 갖추고 나서 옛사람들이 있는 옛 궁정에 입궐을 하는 셈일세. 그곳에서 나는 그들의 따뜻한 영접을 받고, 오직 나만을 위해 차려진 음식을 맛보면서, 그들과 스스럼없이 이야기하지. 이 네 시간 동안만은 나는 전혀 지루함을 느끼지 않네. 모든 고뇌는 잊히고, 가난도 두려워하지 않게 되며, 죽음에 대한 공포도 느끼지 않게 되지. 그들의 세계에 전신전령으로 들어가 있기 때문이라네."

  한 권의 책을 읽는 데에 전심으로 들어가 있는 듯한 이 문장이 읽을마음이 한 권의 생일책을 권하는 마음과 닿아 있다고 생각했다. 뒤표지에 넣으니 그럴듯한 타이포그래피가 되었다. 굳이 이탈리아어로 넣은 이유는, 디자인 요소에만 충실하게 두고 싶었기 때문이다. 영어로 넣어 두면 어쩐지 읽어야 할 것 같고, 그것이 생일책을 만나는 이들에게 불필요한 피로감을 줄 수 있다고 생각했다. 그래서 이탈리아어 부분을 건너뛰면서 사람들의 시선이 자연스레 문장 맨 아래 영역으로 향하게 유도했다. 책을 소개하는 키워드를 기재해 둔 영역이다.

  앞뒤로 다른 분위기를 내는 생일책 커버는 어느 면을 찍어도 예쁘게 나온다. 책 아래위로 크라프트 포장지가 보이는 각도로 찍으면 더 예쁘다. 답답하더라도, 빨리 답을 찾고 싶더라도 그저 내버려두며 더 좋은 것들이 떠오르길 기다렸던 시간이 이 북커버에 담겨 있다. 그래서 그 결과물을 더 감사히 받아들이고 있다.

아름다운 결과물 뒤에는 치열한 작업이 있다. 이전과 달리, 새 생일책의 커버는 책마다 다른 판형에 맞춰 북커버 전체 디자인을 맞추고 거기에 글자를 배열해야 한다. 결국 각각의 책마다 가로, 세로, 두께를 맞춘 서로 다른 데이터를 가지고 있어야 한다는 것이다.

인쇄와 이중포장만큼이나 내가 고민에 고민을 거듭하게 만든 부분은 고될 것만 같았던 이 작업이었다. 이런 무모한 작업을 한 권 한 권 다 해야 한다고? 언제 이걸 다?

그 결론은 단순하게 나왔다.

이것은 굉장히 무모한 작업이다.
누구도 시도하지 않을 거다.
생일책에 일일이 문장과 키워드를 넣는 시도를 했던
어느 무모한 사람 외에는 그 누구도.

결국 세상에 이런 북커버가 탄생하려면 그 모든 문장을 수집해왔던 사람, 그리고 그중 그 모든 책에 서로 다른 북커버를 맞춤형으로 시도하려는 사람이 있어야 했다. 앞의 조건은 세상에 나만 갖추고 있었으니 뒤의 조건도 내가 해야 했다. 답이 정해져 있었다. 읽을마음의 화이트칼라 운영자인 '나'는 그 무모함으로 읽을마음의 블루칼라 노동자인 '나'를 다시 호출했다. 그리고 '나'는 그 일을 묵묵히 수행했다.

그렇게 읽을마음의 북커버가 바뀌기 시작한 것은, 먼 나라로 여행을 떠나 받은 읽을마음이라는 이름을 아직 마음에만 품고 있던 시간이었다. 단조로운 책장 속 책의 색이 새 커버와 함께 갖가지 원색으로 장식되고, 책장과 벽보다는 책에 더 힘을 주는 책방이 됐다. 매일의 커버를 만들어가는 나에게도 조금씩 창조적인 영역이 열렸다. 이 책은 어떤 색깔로 알릴까를 고민하는 작은 데에서 시작된 창조성이었다. 결국, 리커버링을 하는 이 시간이 나에게는 리브랜딩을 위한 초석이 된 것 같다.

북커버에 대한 이야기를 시작할 때 나는 내가 디자인적인 감각이 정말 없는 사람이라고 평했다. 그 평은 여전하다. 내가 멋진 디자인을 뽑아낼 수 있는 사람이었다면 라벨지 따위는 생각도 하지 않았을 테니. 그런 사람이 만든 북커버가 디자이너들에게 어떤 평가를 받을지는 모르겠다. 하지만 이 년 동안, 게으르지만 끈질기게 고민해온 결과물이라서 그런지 스스로 볼 때는 꽤나 만족스럽다. 누구에게 맡겨도 이만큼 만족스러운 결과물은 나오지 않았을 것 같다고 생각할 만큼. 언젠가 더 멋진 표지를 만들어가며, 오늘 이렇게 책에 적어 박제해 둔 것을 부끄러워 할 날이 오기 바란다.

Part 4.

읽을마음 밖
읽을마음

함께 걷는 여행, 함께 걷는 서점

책방을 열고 365일 생일책을 준비하던 시간 뒤로 한동안 나는 바쁘게 생일책 포장, 즉 북커버를 입히는 작업을 할 일이 없었다. 그 시기의 내 소원은 한 가지였다. 생일책 포장하다 울어 봤으면 좋겠다. 사 년 정도 지나니 소원이 현실이 됐다. 울지는 않았지만, 곧 울게 될지도 모르겠다는 생각이 들기 시작한 것이다. 물론 매일 그만큼 많은 생일책 주문이 들어오는 건 아니고, 간혹 주문이 몰리는 경우에 드는 생각이지만 말이다.

책방에 놀러 온 친구들에게 일을 맡기기 시작했다. 투덜대며 시작한 친구들은 어느새인가 책 포장을 하며 나와 대화하는 데에 익숙해졌다. 주요 대화 주제는 회사 일 또는 가정 일인데, 회사나 가정에서 받은 스트레스가 높을수록 책 포장은 효험(?)을 보였다.

"이거, 컬러링 북 하는 느낌이야."

매일 하던 포장 작업을 되돌아보았다. 그러고 보니 책 포장에 익숙해지면서 포장과 함께 다른 일을 하는 데에 익숙해졌다. 두 손은 바빠야 하니 책은 어차피 못 읽고, 오디오북이나 팟캐스트도 종종 들었다. 그러다 더 달인급의 포장 능력이 갖춰진 뒤로는 드라마를 보면서 책 포장을 했다. 드라마와 담쌓고 살던 내가 드라마를 챙겨 보다니.

포장 작업이 단순 반복 작업이어서 가능한 일이었다. 문득 과거의 내가 정말 바라던 일이라는 생각이 들었다. 군대에서 도무지 머리를 써도 답이 나오지 않는 일들이 가득할 때, 부대를 어떻게 관리해야 할지 벽을 마주할 때, 교회의 얽히고설킨 관계들을 풀다 지칠 때, 그럴 때면 '아무도 몰라줘도 괜찮으니까 그냥 공장에서 매일 같은 작업만 반복하고 싶다.'는 생각이 들었다. 어느샌가 소원을 이룬 그 자리에서, 책방을 통해 심지어 인정까지 받고 있다는 생각이 들었다. 책방을 하며 큰 스트레스를 받지 않게 된 건, 이 노동의 시간이 준 선물이었다.

매일의 노동에 대한 감사를 다시 찾고 (친구들은 돌려보내고) 혼자 작업을 하던 어느 날이었다. 평안 속에 머무는 이 일을 혼자만 해서는 안 되겠다는 생각이 들었다. 단순 반복 작업이라면, 이 일밖에 하지 못하는 사람들도 있지 않을까? 책방에서 이 일을 하고 싶은 사람들과 함께 하는 방법은 없을까?

책방이 바빠지기 시작할 무렵 내 개인적인 삶도 바빠졌는데, 대부분 광명시 내에서 그랬다. 파워 외향인들에게 간택당한 나는 여러 모임 속에 어울리게 되었고, 자연스레 내가 가진 생각들을 지역사회에 풀어 보았다.

"책방 포장 일을 발달장애인들과 함께 하고 싶은데 방법을 모르겠어요."

조용한 지역사회에 작은 물방울 하나가 똑 떨어지듯이 파문이 일어났고, 많은 사람들의 연결과 연결로 지역사회의 여러 분야에서 읽을마음을 찾기 시작했다. 그리고 드디어, 발달장애인들과 함께 책 포장을 시작했다. 때마침 광명시에 개설된 발달장애인 직업전환센터의 도움으로 책방이 발달장애인 직업실습공간이 되었고, 부족한 나의 역할을 채워 주실 선생님들이 함께 책방에 오셔서 책 포장을 지도해 주셨다.

처음에는 조금 더디더라도 포장에 어려움이 없을 줄 알았다. 하지만 생각보다 쉽지 않았다. 책 포장이 단순 반복 작업이니 시간이 지나면 적응할 수 있을 거라고 생각했는데, 발달장애인들은 개인별로 각기 다른 발달 수준을 갖고 있는 데다 책 포장이 적성에 맞는 사람도 맞지 않는 사람도 있었다. 내가 예상치 못한 변수는 '협응력'이었다. 왼손과 오른손을 함께 사용한다는 것은 생각보다 고도의 작업이었다. 왼손으로 종이를 잡고 오른손으로 종이를 접는 과정에서부터 오랜 연습을 필요로 하는 실습생들이 있었다.

생각보다 더딘 작업에 정식 고용은 어렵겠다는 생각이 들었다. 하지만 찾아오는 실습생들을 보며 아주 작지만 분명한 사명감이 생겼다. 솔직히 고백하자면 마음 속 어딘가에서 나타난 분노에서 온 사명감이었다. 아주 단순한 작업이었지만, 실습생들의 눈빛에서 때로는 희망을, 때로는 낙담을 마주하며 든 감정이었다. 보는 사람도 때로 이렇게 답답한데, 스스로는 얼마나 답답해할까. 이들과 내가 다르지 않은데, 내가 특별히 잘한 것이 없는데, 당신과 내가 반대로 이 자리에 섰을 수도 있을 텐데. 복잡한 마음 가운데, 내가 할 수 있는 선에서 이들과 꼭 같이하고 싶다는 마음이 들었다.

그렇게 조금씩 발달장애인에 대해 알아가기 시작했다. 많은 발달장애인들은 집중할 수 있는 시간이 그리 길지 않은 반면, 일터에 있고 싶은 마음은 강하다고 한다. 사회적으로 한 사람의 역할을 수행하고 있다는 만족감에서였다. 그래서 작업이 끝나더라도 일터에서 함께 있을 수 있는 공간이 있으면 좋다는 말을 들었다. 책방으로서도 좋은 조건이었다. 나도 하루 종일 포장을 할 수는 없다 보니 함께 포장하는 시간은 오전 서너 시간으로 고정하고 싶었다. 정식으로 고용을 할 수 있을 만큼 매출이 안정 궤도에 오른다면, 오후 시간은 별도의 공간을 마련해 주고 책읽기 등의 학습을 하면 좋겠다고 생각했다.

그때부터 공간을 마련하기 위한 새로운 물방울을 지역사회에 떨어뜨렸고, 자연스레 또 다른 사람들과도 이어지게 되었다.

그중 각자의 이유로 사회적기업을 준비하는 사람들과 함께하는 모임이 있었다. 느슨한 연대였지만 한 달에 한 번 모여 각자의 꿈을 이야기하고 서로 응원해 갔다. 삼 년이 지난 지금, 어떤 이들은 자기만의 사업 속에서 사회공헌에 대해 고민하고, 어떤 이는 멋진 창작뮤지컬을 제작해 선보이고,

어떤 이는 청년들을 위한 지역사회 공간의 대표가 되고, 어떤 이는 광명시의 사회적경제기업들을 이어 하나의 여행상품을 만들었다. '공정여행'이라는 콘텐츠였다. 읽을마음은 이 공정여행의 종착역을 맡게 됐다.

공정여행에서 읽을마음은 '태어나 주셔서 감사합니다.'라는 메시지를 담아 생일책을 선물한다. 주최측에서 확인해 준 참가자들의 생일에 맞추어, 정확히 참가자의 생일로만 구성된 생일책 상자를 들고 산타 할아버지처럼 등장한다.

아직까진 개인사업자인 읽을마음이 사회적경제 공동체 속에 함께할 수 있는 것은, 앞에서부터 함께 해 온 발달장애인과의 작업이 있어서였다. 앞으로의 사회적기업을 꿈꾸는 청년을 응원하는 마음으로 세워 준 자리에서, 나는 때로는 10명, 때로는 40명 앞에서 읽을마음의 이야기를 전한다. 생일책에 담긴 의미와, 지역사회 밖에서의 활동과, 생일책 포장에 더해진 손길과, 앞으로 책방이 상생하며 가고 싶은 길에 대해 이야기한다. 사람들 앞에서 거짓말을 할 수는 없으니 자연스레 스스로가 가고 있는 길에 대해 되물어보며 가게 되었고, 더디더라도 옳은 길로 가겠노라고 다짐하게 된다.

한 사람에게 생일과 생일책에 대한 의미를 전하던 책방은 그렇게 어느 순간부터 더 큰 꿈을 더 여러 사람에게 자주 전하게 되었다. 광명시 공정여행 프로그램이 조금씩 인정을 받으면서 점점 다양한 사람들을 공정여행의 참가자로 만나게 되는데, 그러다 보니 책방에서보다 더 다양한 사람들에게 생일책에 대해 이야기하는 경험이 쌓여 가고 있다. 감사한 일이다.

때로는 현실적인 문제들 때문에 사회적기업으로 내딛지 못하면서 말만 앞서고 있는 것 같아 민망하기도 하지만, 그래도 꾸준히 말하다 보면 나 스스로라도 더 변하고 싶어지지 않을까 하는 마음으로 매번 용기를 내서 전하고 있다.

공정여행 팀과 함께 내가 가진 생각들을 발전시켜 가다 보니 또 다른 아이디어를 주신 분이 계셔서 하나의 꿈을 더했다. 보육원 출신의 청년들과 함께 하는 것이다.

읽을마음에서 후원하고 있는 주사랑공동체에는 '베이비 박스'가 있다. 이곳에는 아이를 낳았으나 키울 여건이 되지 않는 사람들이 아이를 맡기고 간다. 때로는 '이런 공간이 있으니 무책임하게 아이를 버리는 것 아닌가'라는 비판을 듣기도 하지만, 그런 공간마저 없으면 그 아이는 어떻게 되었을까 생각해 보면 세상에 필요한 공간이라는 생각이 들어서 꾸준히 후원하고 있다. 베이비박스를 통해 맡겨진 아이들은 어머니가 생일을 적어 주는 경우도 있으나 진짜 생일을 모른 채 살아가는 경우도 많다고 한다.

그렇게 보육원을 통해 자라난 아이들은 성년이 되면 소정의 지원금을 들고 세상 앞에 놓여진다. 좋은 어른을 만난다면 좋은 기회들이 생기겠지만, 이끌어 줄 사람이 없는 막막한 세상에서 험한 일을 당하기도 하고, 때로는 그 모든 두려움 때문에 잘못된 선택을 하는 경우도 많다고 한다.

읽을마음처럼, 누군가 나와 같은 날 태어났다는 이유만으로 이웃이 될 수 있는 공간이라면, 탄생의 의미를 기쁨으로 받아들이는 사람들이 찾아오는 곳이라면, 이곳의 카운터에서는 그 친구들이 삶의 희망을 조금 더 얻을 수 있지 않을까 생각이 들었다. 탄생만으로도 감사한 일이라는 것을 조금을 믿게 해 줄 수 있지 않을까 희망해 본다. 그래서 읽을마음이 사회적기업으로서의 구색을 갖추게 되면 단기간씩이라도 사회로 갓 나온 그 친구들에게 카운터를 맡겨 보고 싶다.

하고 싶은 일은 많지만 아직 가야 할 길은 멀어 보인다. 아직은 멀어 보이지만, 욕심내지 않고 묵묵히 준비해 가려 한다. 잠시 허풍선이가 되더라도, 언젠가 읽을마음의 공간이 충분한 힘을 가지는 날이 왔을 때 꼭 이 마음들을 하나씩 실현해 보고 싶다.

책방 하기 좋은 동네, 없으면 만들어 볼까?

역세권 근처 먹자골목은 많은 손님과 엄청난 임대료를 감당해야 하는 지역이다. 하지만 그 먹자골목의 이면도로들은 사정이 다르다. 이면도로란 먹자골목과 같은 방향으로 늘어선 그 다음, 그 다음 도로들이다. 지역마다 다르겠지만, 광명시의 구도심 중심인 광명사거리는 특히나 먹자골목과 다른 골목의 상권 형성이 큰 차이가 있었다. 같은 도로인데 한쪽은 '골목'이 붙고 한쪽은 '도로'가 붙는 만큼의 차이다. 이면도로에는 수시로 생겨나고 사라지는 술집들이 있었는데. 지금 읽을마음이 자리잡고 있는 곳이 바로 이곳이다.

대부분 이런 지역에는 2차, 3차로 이어지는 술자리를 위한 공간이 생기고, 어느 모로 보나 책방을 열기는 부적합한 골목이 형성된다. 하지만 내가 책방을 연 광명에는 그렇지 않은 골목이 하나 있었다. 그 골목의 끝없는 타락을 막는 엄청난 존재가 있었다. 자비로운 표정으로 두 팔을 벌리고 사람들을 반기는 성상이 있는 곳, 바로 성당이다.

성당이 골목의 절반을 차지한 덕에 이 골목은 작은 술집들과 식당들이 생겨나고 사라질지언정 유흥가가 되지는 않았다. 대신 그만큼 상권이 형성되기 어려운 골목이기도 했다. 골목의 가게들은 결코 혼자 힘으로 자리를 잡을 수 없다. 옆 가게의 활기와 분위기가 자신에게도 영향을 주기 때문이다.

오랜 시간 동안 이 성당골목에는 수많은 가게가 생기고 사라졌는데, 그러다 보니 이 년을 버티지 못하고 바뀌는 가게들과, 이십 년은 족히 넘게 장사하고 있는 가게들이 함께 있었다. 그러다 보니 건물주들도 제때 월세만 들어오길 바라고, 월세를 올릴 엄두는 내지 못하고 있었다. 그래서 이 먹자골목 이면도로의 임대료는 열 평 기준으로 백만 원 안팎이 되었다.

처음부터 이쪽에서 자리를 찾진 않았다. 빈 가게도 없었고, 바꿀 수 있는 동네라는 견적도 나오지 않았다. 그러던 어느 날, 이 골목에 광명시에서 처음으로 일본식 라멘을 전문으로 하는 라멘집이 생겼다. 이전까지 나는 광명시에서 점심

시간에 줄을 서는 집을 하나도 본 적이 없었는데, 이곳이 바로 줄을 서는 가게였다. 역사적인 순간이었다. 종종 이곳을 들러 저녁을 먹으면서, 어쩐지 이 골목으로 오면 될 것 같다는 생각이 들었다.

그러던 중 라멘집 옆에 또 하나의 줄 서는 가게가 생겼다. 라멘집의 단골이었던 한 청년이, 바로 옆 건물에 일본식 돈카츠집을 열었다. 돈카츠집 앞에는 라멘집보다 더 긴 줄이 늘어섰고, 이웃에 사는 나조차도 운이 좋아야 겨우 맛볼 수 있었다. 그날 돈카츠를 베어물며, 처음 라멘을 먹던 날 품었던 상상이 결심으로 바뀌었다. 이 골목은 된다. 이 골목으로 오자. 그 후 반 년 동안 퇴근하고 시간이 날 때마다 라멘집과 돈카츠집 골목을 서성였다. 이곳에 내 책방이 있으면 좋겠다는 간절한 염원을 품은 채.

근처 건물 월세와 건물주 성향에 대해서도 주변 상인들에게 들을 만큼 모두 아는 사이가 될 무렵의 어느 날, 아무에게도 알리지 않고 책방의 새로운 자리를 계약했다. 기존 책방 자리 계약이 두 달 정도 남은 시점에서 내린 결단이었다. 그리고 두 달 동안, 낮에는 책방을 운영하고 아침과 저녁에는 몰래몰래 새 책방을 만들어 간 끝에, 이전 가게를 처분하고 가게를 정식으로 이전하는 데에 성공했다.

그때부터 몇 년이 흐르고, 책방 문 너머로 종종 들리는 이야기가 있다.

"여기 완전 문래동이네?"
"여기 완전 성수동이네?"

백 미터도 채 되지 않는 이 짧은 골목에서 "여기 문래 같아", "여기 성수 느낌 나"라는 말이 들릴 때면, 골목에 스며든 책의 존재를 다시금 실감하게 된다. 오랫동안 자리를 지켜온 성당에 이어, 이제는 이 골목에 '서점'도 있다는 것. 그렇게, 책방을 품은 골목이 문화를 품을 준비를 해 나가기 시작했다.

여기, 우리, 완전 광명

 2024년, 읽을마음이 있는 골목에 상인회를 결성했다. 광명시에서 골목의 가게 대표들을 모아 상인회의 필요성에 대해 설명하는 시간이 있었는데, 돌아가는 상황을 보니 시에서 이 골목에 관심을 쏟고 싶어도 그 관심을 받을 주체가 분명하지 않아 민관 모두 머뭇거리고 있는 것이었다.

 어마어마한 서류작업을 필요로 했기에 할 수 있는 사람은 나뿐이었다. 책방 외의 활동 비중이 많아지던 시간이라 곁가지를 하나씩 다시 쳐내 가며 책방에 집중하려 하던 때였는데 상인회라니. 봉사하는 마음으로 서류작업이야 할 수 있겠지만, 대외활동과 관심은 최소화하고 싶었다. 방랑벽이 언제 돌아올지 모르니 굵직한 자리도 피하고 싶었다. 그래서 상인회장은 책방 옆 호프집 사장님께 부탁드렸다. 상인회장님은 집집마다 돌아다니며 서명을 받고 연락을 돌리는 데에 열심을 다해 주셔서, 단시간에 상인회를 결성할 수 있었다.

읽을마음의 이름은 일 년을 고민했지만, 상인회 이름은 무책임하게 5분만에 지었다. 올해 지원사업에 참여하기 위해서는 다음 날까지 비영리법인을 만들어야 한다는 통보를 받은 저녁에 급히 도장부터 파느라 그랬다. 그렇게 지은 상인회 이름은 '오구구오 상인회'다.

책방 앞으로 이어지는 도로는 '오리로 995번길'이다. 숫자로는 5995. 이 숫자에서 착안해 '오구구오 상인회'라는 이름을 지었다. 젊은 청년들이 만드는 가게들이 늘어나는 만큼, 많이 '오구', 응원의 마음으로 '오구오구' 해달라는 뜻을 담았다. 이 정도면 5분만에 지은 이름치고는 나쁘지 않다고 생각한다. 다른 상인들은 어떻게 느낄지 모르겠지만.

다음으로 골목상권 지원사업을 신청했다. 처음 시작하는 상인회가 할 수 있는 지원사업 영역은 어느 정도 정해져 있다. 상인회 로고를 만드는 일과 통일화된 상권의 모습을 조성하는 일이었다. 더 직접적인 도움이 되는 사업들을 가져오고 싶었지만, 이 작업이 마련되어야 그 다음 지원사업에서 우리들의 목소리를 낼 수 있었다.

지원사업에는 상권의 조성 이유와 특징을 적는 란이 있었다. 상인회를 만드는 이유는 무엇일까 생각하며 골목을 돌아보았다. 한 가지 업종으로 이 거리를 정의할 수 없었다. 다른 상권에는 하나 있는 것도 신기한 성당과 서점이 있고, 옆 골목에는 파출소도 있었다. 카페와 식당이 조금씩 생기고 있지만 그런 업종이 더 들어올 자리도 없어 보였다. 수십 년 동안 같은 자리를 지키는 가게들도 여전하기 때문이다.

결국 서류에는 '세대와 세대가 모여 함께 상생하는 거리'라고 적었다. 굳이 젊은 세대들을 위한 특화거리로 홍보하고 싶지 않았다. 철물점도 동네 슈퍼도, 오래된 미용실과 부동산도 이 작은 골목에서 오래도록 자리를 잡고 서로 인사를 나누며 함께해온 이웃이기 때문이다.

어느 날 퇴근 후 유튜브를 보다가, 중년의 연예인과 유튜버가 만나 골목상권에 대한 이야기를 나누는 걸 발견했다. 문래동에서 거나하게 한 잔을 하던 그들은 이 거리가 '선진국형 거리'로 바뀌어가고 있다고 말하고 있었다.

그들이 말하는 선진국형 거리란, 보다 우리 생활 속에 밀접하게 다가온 특색 있는 가게들에 대한 찬사였다. 예전에는 특정 음식을 떠올리면 특정 지역이 떠오를 만큼 지역별 특색이 분명했는데, 이제는 어느 지역에서든 그 음식들을 맛볼 수 있는 동시에 그 지역만의 개성을 갖춘 가게들이 생겨난다는 것이었다.

책방을 준비하며 반년 동안 문래동 일대에서 공간을 찾던 때가 생각났다. 그때도 이미 '문래예술창작촌'이라는 이름으로 묶인 그 지역에서 작은 가게들이 자리를 잡아가고 있었지만, 지금처럼 '핫 플레이스'라 불릴 만큼은 아니었다.

그곳에 입점하는 것을 가로막은 것은 수십 년 동안 그 지역에 살던 지인들이었다. 그들의 눈에는 변화하는 거리의 모습이 보이지 않았다. 수십 년째 변하지 않고 쇳가루 가득한 곳에 누가 책을 사러 오냐며 나와 부모님을 만류했다. 여러모로 거리의 변화를 봐 온 나는 동의하지 않았지만, 현지인들이 잘 알지 누가 잘 알겠냐는 말에는 별수 없었다. 지금은 광명시에 잘 뿌리를 내리고 있고 다른 곳으로 갈 마음도 별로 없지만, 대학 시절 학교 앞에서 느꼈던 문화가 문래에서 퍼지는 모습을 보면 '나도 저기서 함께할 수 있었다'는 생각에 씁쓸한 맛이 올라올 때가 있다.

그러니 책방이 있는 골목에서 문래동 같다, 성수동 같다는 말을 듣게 되었을 때 감회가 새로웠다. 문래동도, 성수동도, 사람들에게 수십 년 동안 각인된 이미지에서 벗어나는 데에 생각보다 오래 걸리지 않았다. 그리고 그 동네에 살던 사람들조차 그 거리가 어떻게 변화하고 있는지 알지 못하고 있다. 그렇다면 광명시가 그렇게 바뀌는 것도 어느 한순간이 아닐까 하는 생각이 들었다. 지금은 어느 하나 특색을 말할 수 없는 동네이지만, 이곳의 스토리를 점점 만들어간다면 어느 날에는 다른 지역에서 힙하다고 여기는 장소가 되지 않을까?

프로젝트 명은 이렇게 정했다.
'여기 완전 광명인데?'
우리 동네만의 색깔로 분명히 내세우면서도, 언젠가는 저런 말을 듣도록 이 동네를 만들어 나가겠다는 야심을 담았다.

변화하는 거리의 모습은 변화를 살펴보는 사람이 아니면 느끼지 못한다. 자신이 일하고 있고, 삶의 터전으로 삼은 동네에 대해 자부심을 갖고 있지 않던 사람들은, 동네가 변화하면 생각보다 빠르게 자신의 동네를 사랑하게 된다. 언젠가는 광명시도 누군가에게 "아직도 안 가봤어?"라는 말이 어색하지 않은 동네가 되기를. 그 말을 이끄는 힘이 이 골목에서부터 시작되기를 바라게 됐다.

이웃을 만드는 거리, 거리를 만드는 이웃

상인회가 처음 받은 지원사업 예산은 상권 지원사업 중 가장 작은 규모였다. 대부분의 상권처럼, 이 돈으로 가게마다 작은 공용 간판 하나를 달고 끝낼 수도 있었다. 하지만 나는 그렇게 해서는 골목의 변화를 만들 수 없다고 생각했다. 고민 끝에 사업을 일곱 개로 나누었다. 거리의 통일성과 특색을 만드는 작업이었다.

디자인공모전 사이트를 통해 '상인회 로고'를 만들고, 로고를 바탕으로 가게 상호명과 연락처를 넣어서 '공용 입간판'을 만들었다. 하늘색으로 만든 입간판을 골목길에 꺼내놓으면 거리의 통일성이 확보되고, 평소에는 접어서 보관해 두며 상가의 개성을 보여줄 수 있는 아이템이다.

동네 사진관과 결합해서 가게 앞과 가게 안에서 상인회원들의 '프로필 사진'도 찍었다. 어색해하고 거절하던 모습과 달리, 막상 촬영이 시작되니 다들 즐거운 분위기에서 촬영을 해 주셔서 사진사 분들도 활기 있게 가게에서 가게를 오가며 촬영을 해 주셨다.

촬영된 사진은 다시 '거리 사진전'과 '홍보책자'를 만드는 데에 사용했다. 어떤 사람들이 이 거리를 만들어 가고 있는지 우리 상인회원들 서로조차 다 알지 못하는 사이인데, 오가는 행인들과 찾아오는 손님들 모두와 아는 사이가 된다면 얼마나 좋을까 하는 생각에서 만든 사업이었다. 자신의 가게 이름 앞에서 찍은 사진은, 시간이 지나면 훌륭한 기록도 될 테니. 거기에 '벽화사업'을 통해 골목의 노후된 벽면을 손보고, 몇몇 가게들의 외관을 벽화로 꾸몄다. 제일 득을 본 건 읽을마음이었는데, 꾸며야 할 가게가 많아 보였던 것과 달리 흔쾌히 벽화를 맡기는 가게가 없었기 때문이다.

여기까지 모든 사업을 혼자 했다. 로고디자인 공모에서는 상인회 기획과 의도, 디자인 방향점을 작성하고, 공모사업을 통해 나온 디자인을 여러 사람들에게 보여주며 투표도 받았다. 입간판사업은 지원사업 마감 이틀 전에 '모든 사업은 광명 안에서 집행'해야 한다는 통보를 받고 부랴부랴 새 업체를 찾았다. '광명시 내에서만 사업을 집행하라'는 지침은 지원사업 안내문 어디에도 없었다. 급히 업체를 변경해야 했다.

사진도 사실 마찬가지였다. 원래는 스튜디오에서 한 컷, 가게 앞에서 한 컷을 찍으려고 했다. 상인회원 전체에게 세 번 정도 스튜디오 촬영 일정을 안내했는데, 단 한 명도 사진관에 방문하지 않았다는 소식을 전해 듣고서는 스튜디오 촬영을 포기하고 현장 촬영으로 돌렸다. 사진관 측에서 흔쾌히 두 장 모두 출장촬영을 하겠다고 해 주어서 진행할 수 있었다.

예산 항목 중에는 회의비도 있었는데, 집행을 위해 잠시 모여서 사진이라도 찍고 아이스 아메리카노라도 한 잔씩 받아 가시라는 안내에도 한 명도 오지 않아서 몇 번 시도하다 집행하지 않고 반납하기로 했다. 상인회가 정상적으로 운영될 수 있을지 슬슬 걱정이 되기 시작했다.

이렇게 여섯 개의 사업을 서로 맞물리게 이끌어 가면서, 지원사업에 사이드 메뉴처럼 추가된 사업 하나를 준비했다. 오구구오 상인회 골목에서 열리는 음악회였다. 사실 처음 받은 사업은 골목 이동콘서트였는데, 민원 문제와 좁은 골목 여건상의 한계로 이동차량 콘서트가 어려울 것 같다며 고정

콘서트를 요청받았다.

이때까지는 그냥 상인회 이름으로 가벼운 버스킹을 하도록 자리를 내어 주면 되겠다고 가볍게 생각하고 있었다. 하지만 앞선 사업들이 하나씩 빛을 보기 시작하자, '상인회가 생겼으니 높으신 분들(?)이 방문하셔야 한다'며 100명 이상 모객을 해 출범식 같은 콘서트를 하자고 했다.

앞쪽 먹자골목과 달리 이 골목은 시끌벅적한 분위기를 내기에는 주택가 한가운데여서 도무지 행사 그림이 그려지지 않았다. 결국 평소 친분이 있던 광명문화재단 담당자님에게 SOS를 보냈다. 남다른 창의성을 가진 분이셔서, 오히려 나보다 더 열정적으로 아이디어를 내 주셨다.

그래서 골목 음악회의 최종 형태는 '낭독 음악회'가 됐다. 시인들이 골목 상인들을 인터뷰한 내용을 바탕으로 시를 창작하고, 그 시를 상인들이 낭독하고, 3인조 클래식 앙상블 공연을 곁들인 행사였다. 물론 기대보다는 우려가 컸다. "이 골목에서 클래식 공연이 될까요?" 나와 담당자님의 우려 이상으로, '이왕 이렇게 된 거 한 판 벌여 보자'며 막 나가는 우리를 보는 시 관계자와 재단 관계자들의 우려가 느껴졌다.

지원사업을 여러 갈래로 쪼개는 것의 가장 큰 단점은, 서류작업을 쪼갠 만큼 곱절로 해야 한다는 점이다. 사업마다 완료 보고서까지 별도로 작성해야 하는 줄 알았다면, 이렇게 여러 사업을 혼자서 감당하진 않았을 것이다.

그런데 지원사업의 그 많은 서류보다 골목에서의 낭독 음악회 한 가지를 준비하는 데에 더 많은 품이 들었다. 행사 당일 도로 통제를 위해 도로과에 공문을 보내고, 시장님 초청을 위해 기업지원과와 연락하고, 도로 통제 현수막 게첩을 위해서는 가로정비과에, 우회도로 확보를 위해서는 경찰서와 협업을 해야 했다. 당일 도로를 통제할 인원은 자원봉사센터에 연락해서 도움을 받기로 했다.

책방을 운영하기에도 빠듯한 시간 속에서 책방 밖의 일을 혼자 감당하다 보니 2024년의 여름은 유독 고단했다. 포기하고 싶은 순간들이 많았다. 그럼에도 모든 과정을 끌고 올 수 있었던 건, 누군가는 해야 한다는 마음 때문이었다. 그래도 내게 주어진 일이니 올해는 뭔가 변화를 만들어보자고 마음을 다잡았다. 글로 쓰니 차분하게 쓰고 있지만, 사실 마음속에서는 '어차피 내 사업도 아닌데, 못했다고 뭐라 하면 상인회 다시 해산하면 그만'이라는 생각을 하고 있었다.

문서 작성을 위한 서명과 인터뷰 등 이런저런 일들로 상인회원들 가게를 여러 차례 찾게 됐다. 그래도 몇 달 동안 혼자 고생하는 모습을 다들 조금씩 봐 온 모양이었다. 찾아가는 곳마다 환대해 주었고, 골목의 이런저런 문제점에 대해 함께 의견을 나누었다. 좁은 골목에 주차된 차들에 대한 문제, 보행자의 사고 위험에 대한 대책이 시급했다. 저녁마다 쌓이는 담배꽁초로 인한 이웃 가게와의 불편한 상황, 노후된 전봇대 위에 꼬여 있는 전기선 등 안전에 대해서도 많은 이야기가 있었다.

그런 시간을 보내며 느낀 점은, 누군가 움직이는 모습을 보고 아주 조금이나마 구심점이 생기고 있다는 것이었다. 나이 든 어르신들이 하는 가게에서도 '젊은 사람들이 마음 놓고 장사할 수 있는 여건이 확보되었으면 좋겠다'는 이야기를 듣고, 골목으로 들어오는 인테리어 가게에서도 '골목이 살아야 하는데 입구부터 허름한 가게라 미안하다'는 말을 들었다. 조금이라도 밝아졌으면 해서 저녁시간에 불을 켜 두고 퇴근하기도 한다는 말에, 이런 마음들이 서로 통하기 시작한다면 더 큰 응집력이 생기지 않을까 기대하게 됐다. 그렇게 여름이 가고 가을이 오고, 낭독 음악회의 시간이 찾아왔다.

길에서 거리로, 거리에서 골목으로, 골목에서 이웃으로

한글날은 책방 창립 기념일이다. 게으른 책방지기는 책방의 6주년 행사를 책방 행사가 아닌 상인회 행사로 치르기로 마음먹었다. 행사명은 '골목 낭독콘서트'였다. 자원봉사센터에 자원봉사자 네 명을 요청했다. 세 명이 지원해주셨고, 두 명이 현장에 오셨다. 부족한 인원은 현장 무대를 설치하는 인원 중에 내보내서 차량 통제를 했다. 차가 오지 않는 작은 도로는 새로 만든 상인회 입간판과 안 쓰는 테이블로 막았다.

행사를 준비하는 날, 광명시와 문화재단 측의 걱정이 담당자의 눈빛을 통해 전해져 왔다. 사실 좋은 그림이 그려지지는 않는 행사였다. 수십 년 전, 지금은 오리로995번길이라는 이름이 붙은 이 도로가 생긴 이래로, 이 골목은 단 한 번도 도로를 통제한 적이 없다. 그런 공간에 의자가 놓이고 음악이 흘러나온다는 것을 사람들은 상상해 본 적 없을 것이다. 그리고 그렇게 마련된 무대는 골목의 이웃들에게는 생소한 클래식 3중주에, 시를 낭독하는 사람들은 전문가들도 아닌 골목의 상인들이 먼저 나온다.

  최악의 그림이 머릿속에서 그려지기도 했다. 쓰여진 시를 그저 읽을 뿐인 낭독자, 무엇을 하든 관심 없이 지나가는 사람들, 통제되지 않는 차들, 도로를 막았다고 울려 대는 경적들... 행사 일주일 전부터는 차라리 당일에 비가 오면, 그 핑계로 이 무모한 시도를 접는 것도 나쁘지 않겠다는 생각이 들었다.

  하지만 그런 생각은 잠시였다. 어차피 치러야 하는 행사라면, 하늘이 돕지 않는다면 어쩔 수 없지만 내가 할 수 있는 최대치는 한 번 보여 주고 싶었다. 몇 달 동안 열심히 골목을 뛰어다니며 모두를 이웃으로 만든 결과는 행사를 준비하는 당일부터 큰 힘으로 다가왔다. 성당 관리자 할아버지는 성당 뜰을 임시 주차장으로 사용하는 것에 흔쾌히 동의해 주셨고, 동네 주민들은 주차되어 있던 차들을 도로에서 먼 곳으로 옮겨 주셨다. 행사 당일 도착한 하늘색 입간판으로 울타리처럼 무대 주변을 두르고, 행사업체에서 행사를 위해 특별 주문한 노란색 풍선을 그 위에 달았다. 무대 뒤 가게의 유리문에는 상인들의 사진이 붙었다. 자신의 가게 앞에서, 간판을 배경으로 찍은 사진이었다.

도와준다는 친구는 행사가 시작할 때에서야 집에서 출발한다고 연락이 왔다. 4시에 시작하는 행사 2분 전까지 도로 통제 상황을 정리하느라 뛰어다니다가, 책방에서 책을 꼭 지금 사야 한다는 손님이 있어서 급히 결제를 하고 밖으로 나왔다. 4시 정각에 도착한 자원봉사자를 급히 도로 통제 지역으로 보냈다.

참, 사회자는 모든 행사를 총괄해야 하는 나였다. 숨 돌릴 새 없이 행사가 시작됐다. 호흡을 고르고 진행을 시작했다.

"오구구오 상인회의 골목 낭독 콘서트에 오신 여러분을 환영합니다. J앙상블의 클래식 연주로 행사를 시작하겠습니다. 큰 박수로 맞이해 주시기 바랍니다."

사람들은 숨죽여 공연을 지켜보았다. 첼로의 첫 음이 연주되는 순간 느껴졌다. 함께 행사를 준비한 재단 담당자에게 살짝 말했다. "이 행사는 성공했어요. 고생하셨습니다."

클래식 연주는 골목의 분위기를 순식간에 바꾸어버렸다. 행사를 보기 위해 찾아 준 사람들은 물론, 지나가는 사람들도 멋진 연주에 발걸음을 멈추고 행사장에 머물렀다. 맑은 하늘 아래 시원하게 부는 바람에 풍선들이 흔들렸고, 그 아래 놓인 하늘색 입간판 사이사이에 사람들이 마음을 열고 연주를 들었다. 이문세의 옛 사랑, 아리랑과 애국가에 이어 탱고곡 연주가 끝나자, 뜨거운 박수가 쏟아졌다.

준비한 멘트는 기억나지 않았다. 사회를 보던 나는, 이후로 그저 순간순간 떠오른 감상을 이야기하기 시작했다.

"오늘 행사가 시작되기 전에 가장 큰 걱정이 세 가지 있었습니다. 비가 오지 않길, 사람들이 많이 와 주길, 차량 통제가 원활하길. 정말 맑은 날씨 아래에서 이렇게 많은 분들과 함께 연주를 들을 수 있어서 진심으로 감사하네요. 이 자리에 찾아와 주신 모든 분들께 다시 한 번 감사드립니다.

다음 순서는 기형도문학관의 시민작가들이 골목상인들을 인터뷰한 시를 낭독하는 순서인데요. 마지막으로 시 낭독을 들어 보신지 모두들 정말 오래 되셨죠? 낭독하시는 사장님도 낭독을 해 보신지 오십 년이 넘으셨을 겁니다. 격려와 박수로 맞이해 주시기 바랍니다."

성당 옆 가게에서 칼국숫집을 하는 김수복 할머니가 무대로 나왔다. 평소의 앞치마 차림 그대로의 사장님은 떨리는 목소리로 시를 낭독했다. 이십오 년 동안 한 자리에서 칼국수를 만들어 오면서, 남편을 떠나보내고, 기다리고, 살아온 인생이 사장님의 목소리를 통해 골목에 울렸다. 어떤 배경 음악도 필요하지 않았다. 사람들이 하나둘씩 울기 시작했다. 고개를 돌리는 사람도, 스마트폰을 보는 사람도 없었다. 떨리는 목소리를 따라, 모두가 한 편의 삶을 함께 읽고 있었다. 낭독이 끝나자 다시 엄청난 박수가 쏟아졌다. 꽃집에서 후원해 준 꽃바구니를 건네받은 사장님은 후련한 듯 해맑게 웃으며 자리로 들어갔다.

"마지막으로 이웃의 이야기에 이렇게 귀 기울여 보신 적이 언제였을까요? 우리 손안에 든 것만 열어도 수백만 구독자를 가진 사람의 이야기를 들을 수 있는 세상인데 말이에요. 그런데 정말 모두들, 어느 낭독회에서도 느낄 수 없을 만큼 진지한 모습으로 이웃의 이야기를 들어 주시는 모습에 저도 감동했습니다. 가게 이름처럼, 읽을 마음이 이곳에 가득하다는 게 느껴져서 정말 감사합니다."

이날의 무대는 당초 준비된 90분을 한참 넘겨 두 시간 동안 진행됐다. 세 명의 상인이 자신의 이야기가 담긴 시를 낭독했고, 광명시 기형도문학관 낭독 동아리의 어르신들은 소녀 시절 갖고 있었던 낭독의 꿈을 뒤늦게라도 펼쳐보겠다는 듯 여전히 맑은 목소리로 기형도 시인의 시를 낭독해주었다. 책방 앞 미용실에서 통기타 동아리를 하던 세 분은 무대에 꼭 모시고 싶다는 나의 부탁에 열 곡이 넘는 곡을 메들리로 준비해 왔고, 덕분에 늦게 도착한 시장님도 노래와 낭독이 함께 있는 공간을 누리면서 오랫동안 자리를 지켰다. 시장님은 무대에서 인사와 함께 시 낭독도 선보였다. 청년 시인 전욱진, 한여진 님의 기형도 헌정 시 낭독이 끝나고, 클래식 연주로 행사를 마쳤다. 골목 무대에서 펼쳐지는 타이타닉의 주제곡. 상상조차 하지 못했던 이 장면이, 이상하게 마음을 깊게 울렸다. 2층 교회에서는 목사님이 창밖으로 손을 내밀고 행사장을 찍고 있었다.

무대를 모두 마치고, 찾아오신 사람들과 도움을 준 사람들에게 한 분 한 분 인사를 했다. 한참 전에 순서가 끝난 전욱진, 한여진 시인님이 남아서 인사를 하겠다고 기다리고 계셨다. 사실 이보다 더 복잡한 상황에서의 낭독이 없었을 텐데, 문학과 거리가 느껴지는 일반 시민 사이에서의 낭독이 어떤 기분이셨을지. 심지어 저녁시간 오픈 준비를 하던 옆 가게는 시 낭독 중간에 밤양갱을 틀던데. 미안한 마음에 시인분들에게 다가갔다.

"오늘 자리를 빛내 주셔서 정말 감사합니다. 이런 대접을 받을 분들이 아닌데…"
"대표님, 오늘 정말 감동했어요. 광명시를 못 잊을 것 같아요."

말뿐이 아니라 진심으로 두 분의 눈은 감동이 가득했다. 이런 상황에서의 행사는 상상도 못 한 것이 맞지만, 그래서 오히려 상상할 수 없을 만큼의 감동을 준 것 같았다.

이상한 날이었다. 경황없이 시작한 사회였는데, 태어나서 그 어느 때보다 사회를 잘 봤다는 칭찬을 가득 들었다. 평소에 알고 지내던 기관 관계자분들도 광명시 행사들에 굳이 외부 사회자를 부를 필요가 없다며 극찬을 했다. 행사를 함께 즐긴 상인분들은 유난히 밝은 얼굴로 인사를 건네 오고, 자리를 채우러 꼭 와 주셔야 한다고 간곡히 애원해서 찾은 지인들 반응도 좋았다. 골목도 나도 다시 본 기분이었다고 한다.

정말 많은 불만과 불안과 스트레스로 준비한 행사였다. 그러나 내가 준비하지 않은 영역에서 이미 행사를 모든 사람들이 받아들일 준비가 되어 있었다. 유튜브는 사람들의 눈높이만 올린 것이 아니었나보다. 사람들은 어느새 다양한 취향을 즐길 준비도 되어 있었던 것 같다. 내가 해야 할 몫은 그저, 이웃의 목소리를 다른 이웃에게 전하는 통로까지였던 것 같고, 사람들의 반응을 보니 이번에 그 작은 역할을 아주 잘 수행한 것 같았다.

'길'은 사람이 다른 곳을 향한 목적을 가지고 '지나가는' 곳, '거리'는 목적을 가지고 '찾아오는' 곳이라고 한다. 책방골목은 거리는커녕 길도 아니었다. 이면'도로'였다. 그런 곳이 무대가 됐다.

그날 내가 한 일은 길을, 도로를 거리로 만드는 것까지였다. 그리고 그 거리를 '오구구오 골목'으로, '우리 골목'으로 바꿀 마음을 품고 있던 사람들이 이곳을 골목으로 만들어 주었다. 서로의 마음들이 서로를 향해 닿은 순간, 우리는 드디어 이웃이 되었다.

문화도시 만들기, 읽을마음 담기

 광명에서 크고 작은 파문을 일으키다 보니, 어느새 나는 여러 자리에서 감히 책방지기가 할 일이 없었을 어려운 발표들을 해 나가고 있었다. ESG경영, 자치분권, 로컬 브랜딩. 문화도시 등등. 책방 주인한테 이런 어려운 주제들을 시켜도 되는 건가요? 저는 아는 게 없는데요.

 그럼에도 그런 자리에 자주 서다 보니 순서대로 두 가지가 찾아왔다. 처음에는 우쭐함과 교만함이었다. 별로 한 게 없는데 좋은 자리에 서게 되었으니까. 하지만 결국에는 그런 자리가 잦아지니 다시 겸손함이 찾아왔다. 용감하게 서던 자리들은, 밑천이 금방 드러날 것 같다는 염려에 점점 피하고 싶은 자리가 됐다. 내가 서는 자리들에 대해 더 깊이 공부해야겠다는 생각이 들었다.

주어진 일감에 대해 자료를 찾고 찾다, 과거의 나에게 물어보기로 하고 예전에 모아 둔 자료들을 뒤적였다. 문득 생각나는 책이 있었다. 민음사에서 나온 르포르타주, 『절망의 나라의 행복한 젊은이들』이었다.

일본의 '사토리 세대'를 분석한 이 책의 젊은이들 모습은 오늘날 우리나라의 모습을 많이 닮아 있었다. 그 중 인상적인 부분은 '로컬로 다시 모여드는 젊은이들'이었다. 힙한 것을 찾아다니는 지금의 시대 이후에는, 소소한 동네의 즐길거리로 모이는 시대가 올 수도 있겠다는 희망이 보였다. 과연 우리도 언젠가 젊은이들이 사회문제에 관심을 갖게 되고, 사회운동마저 '즐겁게' 나설까? 만약 그런 시간이 온다면, 지금의 나는 무엇을 준비해야 할까?

답은 주어지지 않았지만 질문을 가슴에 담아둔 채 맡은 자리들을 더 가벼운 마음, 더 겸손한 마음으로 다녔다. 어려운 자리들이지만, 내가 이 소중한 책방을 포기하고 정치를 할 건 아니라고 생각하니 그저 시민의 시선을 시 정책에 전한다는 생각으로 참여할 수 있었다. 그러다보니 오히려 편안한 포지션에서 정책을 보는 눈들을 키워갈 수 있었다.

가장 기억에 남는 건, 문체부에서 심사하는 '문화도시' 선정 심사에 시민 대표 자격으로 선 자리였다. 시 담당자, 문화재단 담당자들과 함께였다. 아침 아홉 시 면접을 위해 새벽 다섯 시에 시청에 모인다는 소식을 듣고, 나는 하루 먼저 가서 기다리겠노라고 연락하고 문체부 근처 호텔에서 하루를 묵었다. 도저히 새벽에 일어나서 제대로 발표할 자신이 없기 때문이었다. 덕분에 다음 날 아침, 수척한 얼굴로 버스에서 내리는 일행들을 방금 샤워를 마친 말끔한 얼굴로 맞이할 수 있었다.

다른 지자체의 발표 순서를 기다리며, 우리 순서가 되면 심사위원들이 잠을 좀 깼으려나 싶은 생각이 들었다. 잠을 깨워 볼까? 문득, 질문을 받으면 어떻게 대답할까에 대한 아이디어가 떠올랐다. 차례가 되어 심사장에 들어서고, 재단에서 준비한 프레젠테이션이 끝나고 질의가 이어졌다. 마지막에는 이런 질문을 받았다.

"5년 동안 100억 지원이면 정말 어마어마한 돈인데, 그걸로 광명에서 문화 발전에 제대로 사용할 수 있겠어요?"

거기 있는 사람 중에 가장 아무 것도 모르는 나에게 질문이 갈까봐 염려하는 일행이 더 많았을 텐데, 하필 나였다. 제일 잃을 게 없는 나는 마음에 있는 이야기를 그대로 전했다.

"저는 광명에서 서점을 운영하고 있습니다. 처음에는 여기가 문화 불모지라고 생각하고, 혼자 광명시의 문화를 만들어가고 있다고 생각했습니다. 그런데 여기 함께 계신 문화재단 직원 분들의 노력을 보며 생각이 달라졌습니다. 문화공간들을 하나하나 발굴하고 이어 주는 노력을 보면서, 생각보다 광명시 곳곳에 다양한 생활문화들이 자리잡고 있었고, 제가 몰랐을 뿐이라는 걸 깨달았습니다.

저는 문화도시 지원금이 '수혈'과 같다고 생각합니다. 100억이라는 예산은 심장을 뛰게 하기에는 부족할지 몰라도, 손끝과 발끝의 모세혈관을 따뜻하게 데우기엔 충분한 양의 피라고 생각합니다. 광명시는 시민들과 지자체가 함께 그 모세혈관들을 이어왔습니다. 수혈해주신다면, 서로 맞닿아서 광명시 구석구석에 문화의 따뜻함을 전파하겠습니다."

글로 적었으니 청산유수지만 실제 발표장에서 저 정도로 말하진 않았을 것이다. 그래도 발표를 마치고 퇴장하는 차에, 질문자가 아닌 다른 심사위원분이 손을 들더니 우리들 일행에게 한 마디를 해 주셨다.

"마지막에 저 청년이 한 말이 마음에 와 닿았어요."

그 말에 우리 문화도시팀은 화색이 되어 기쁘게 광명시로 향하는 버스에 탔다. 그해 문화도시는 정부 차원에서 이미 내정된 지자체가 있어서 광명시가 선정되진 않았지만, 선정 결과를 보고 모두 '우리가 어쩔 수 없는 부분'이라는 걸 납득할 수 있을 만큼 내부적으로는 우리가 한 발표와 대답, 방향성에 대해 주위의 인정을 받았다.

그날 하고 싶었던 말의 핵심은 세 가지였다. 첫째는 문화정책에 대해 잘 모르는 것 같았던 한 심사위원이 100억을 큰돈이라고 하길래 '당신 눈에는 커 보이지만 지자체에서 오 년에 걸쳐 나눠 쓰려면 100미리 정도'라는 말을 하고 싶었다.

두 번째는 심사위원도 발표자도 비몽사몽일 아침을 겨냥했다. 끝없는 PT와 심사에 지쳐 있을 그 시간, 해가 이제 막 뜨기 시작한 겨울 아침에 화끈한 피를 심상에 떠올림으로써 주의를 집중시키려는 의도였다.

세 번째는 내가 봐 온 광명의 시민문화와 정책에 대한 내 관점 그대로였다. 시민들이 지방정부에 요구하는 것들을 살펴보면, '우리 집 앞 모세혈관을 인공혈관으로 만들어 달라'와 같은 이야기로 느낄 때가 많았다. 하지만 예산을 혈관을 만드는 데에 사용한다면, 도로와 철도 등 기본 인프라에 투자하는 예산과 달리 지역 곳곳에 스며들도록 집행하는 데에는 한계가 있다. 하지만 민간의 영역에서 꾸준히 모세혈관과 같은 네트워크를 만들어왔다면, 수혈이 올 때 효율적으로 흡수하고 전파가 가능하다고 생각했다.

광명시에서는 이미 모세혈관을 이어 가는 고된 작업에 최선을 다한 문화재단 관계자들이 있었다. 덕분에 공방과 카페, 서점과 같은 공간들이 끝끝내 서로 맞닿고, 서로의 가치를 알아보고 연대하며 끈끈해져 왔다. 이전에는 연결의 필요성도 느끼지 못했는데, 이제는 그 필요성을 모두가 공감할 수 있게 됐다. 우리는 비싼 인공혈관 대신 우리 스스로가 모세혈관이 되어 서로를 잇고 있었다는, 나는 그런 이야기를 전하고 싶었다.

광명시가 정책적으로 중요시하고 있는 '자치분권'도 같은 방향성을 갖고 있다. 시민들이 활약하는 분야에서, 능동적으로 여태까지 없던 영역을 확장할 수 있도록 지원하는 것인데, 이런 바텀-업 구조에 익숙하지 못한 시민들이 탑-다운

형식으로 보면 그야말로 혈세 낭비로만 보이는 영역도 많다. 모세혈관이 많아지면 많아질수록 수혈한 건 스펀지처럼 흡수해버릴 테니까. 누구나 그 길에 설 수 있도록 선택지를 만들어 주는 일들도, 관점을 달리 보고 결과만 보면 특혜처럼 보이는 것이다.

특혜가 되지 않는 방법은 간단하다. 너도나도 정책에 참여해서 시끌벅적해지면 된다. 슬슬 아는 얼굴이 많이 보이는 지자체 행사에서, 나는 종종 이렇게 말한다. "우리 앞으로는 덜 자주 만나서 얼굴 볼 때마다 더 반가웠으면 좋겠어요." 지방자치가 뿌리내리려면 이런 서로 다른 관점에서의 공감대가 더 필요해 보인다. 이런 바텀-업 방식의 정책은 오랜 시간 동안 결실을 맺지 못하는 것처럼 보일 때가 많아서, 만들어가는 데에는 오래 걸리지만 쉽게 사라질 수도 있다.

정책의 눈으로 읽을마음이 걸어온 길을 다시 돌아보았다. 읽을마음을 만들어 오던 길, 이웃을 만들어 오던 길과 그 길은 서로 다르지 않다는 생각이 들었다. 책방을 향한 내 생각들은 머릿속 어딘가에 갇혀 있던 나만의 생각들을 현재로 끌어오고 있었고, '로컬'에 대해 고민하던 내 앞에 그 생각뭉치와 함께 다시 나타났다.

리브랜딩을 넘어 로컬 브랜딩

 키 테넌트Key Tenant라는 개념이 있다. 쇼핑몰이나 상업 지역에서 핵심 역할을 하는 상점을 의미한다. 흔히 상가건물 1층에 약국이나 은행이 들어오면 그 상가는 공실을 걱정할 필요가 없다고 하는데, 이 경우에는 약국이나 은행이 키 테넌트다. 범위를 조금 넓혀 본다면, 맥도날드나 스타벅스가 자리를 잡은 거리는 오래 지나지 않아 활성화된다.

 서점도 키 테넌트의 역할을 한다. 교보문고 합정점이 들어설 무렵, 합정역 맞은편에 있던 스타벅스는 다른 프렌차이즈 카페에 건물을 내놓고 교보문고가 들어서는 공간으로 가서 입점했다. 교보문고 합정점이 광화문보다 큰 규모로 들어선다는 뉴스들이 가득했다. 실제 오픈할 무렵 서점의 규모는 전체 면적의 15%도 되지 않았고 나머지는 교보문고가 빌린 자리에 전대차로 들어온 카페와 식당들이 차지했는데, 보통은 교보와 전대차 계약을 맺은 가게들이다. 어느 지점을 가든 교보문고 옆에 비슷한 카페와 식당이 보인다고 느꼈다면, 그 느낌이 맞다. 대형서점은 주변에 함께 움직이는 상권을 데려올 수도 있다. 대형서점의 사례가 아니더라도, 문화공간으로서의 서점은 충분히 고객들을 머물게 할 수 있는 역량이 있다.

언젠가부터 나는 읽을마음을 넘어 주변 상권을 생각하고, 상권을 넘어 지역에 대해서도 생각하고 있다. 좋은 동네를 넘어 좋은 지역을 만들고 싶고, 거기에 책방이 무언가 중심적인 역할을 해 나가면 좋겠다는 소망을 만들고 있다.

소망과 질문을 마음에 품고 활동을 하고, 시간이 흐르면서 나의 시야도 조금씩 넓어지는 것 같다. 그 중에서도 인상적이었던 건, 2019년 서울국제도서전에서 (나 혼자 설정한) 읽을마음의 최대 라이벌인, 성심당의 선전이었다.

시작은 분명히 '노잼도시'였다. 대전에 가면 할 수 있는 게 결국은 성심당뿐이고, 성심당 외에 다른 걸 보여 달라고 해도 성심당으로 귀결되는 인터넷 밈들이 있었다. 그런데 어느 순간부터 성심당 때문에 대전에 가는 것이 당연해지더니, 대전이 '성심당의 도시'가 되었다. 오히려 노잼도시로 여겨지던 대전이 그때부터 '성심당 가는 길에 찾아볼 무언가'를 찾기 위한 발걸음으로 확장되면서 시너지를 내기 시작했다. 흥미로웠다.

그래서 읽을마음은 이렇게 외치고 있다.

"광명시의 키 테넌트가 되겠습니다."

사회공헌을 위해서라는 거창한 이야기는 하지 않는다. 결국은 모두 내가 하고 싶은 일이고, 내가 인정받고 싶어서 하는 일이라는 사실을 부정하고 싶지 않다. 그래서 이런저런 발표 자리에서 키 테넌트 이야기를 할 때마다 항상 덧붙인다.

"광명시가 잘되라고 하는 건 아니고요, 제가 광명시보다 잘났으면 좋겠습니다. 성심당처럼요."

'지원해주신다면 제가 잘 해먹겠습니다.'까진 아직 말 끝에 붙이지 못하고 있다. 게으른데다가 이기적이기까지 한 책방지기라는 사실이 너무 금방 탄로나면 안 되니까.

책방이 들어선 작은 골목을 둘러보며 시작한 이야기는 이렇게 더 큰 영역으로 뻗어 나갔다. 혼자 살아남을 수 없다는 것, 함께 만들어가는 영역은 쉽게 무너지지 않는다는 것도 배웠다.

지난 십 년 가까이 차례대로 부서져 온 내 출퇴근길은 이제 새 도로가 닦이고 새 건물이 올라서고 있다. 이곳에 들어오는 이웃들에게, 이 도시가 문화를 '누리는 곳'에서 문화를 '함께 만드는 곳'으로 바뀌어 가고 있다는 사실을, 그리고 그 변화의 중심은 우리가 함께 만들어가야 하는 영역이라는 메시지를 함께 나누고 싶다.

Part 5.

지금부터, 읽을마음

그리고 개인적인 이야기

당신 근처에 있는 책방

　스마트폰의 시대가 온 뒤로 우리는 모두 비슷비슷한 기계를 쓰고 있다. 앞면의 베젤은 점점 얇아지고 뒷면의 카메라는 점점 많아지는 차이가 있을 뿐이다.

　기계의 모습은 비슷비슷하지만 서로 바라보는 세상은 어느 새부터인가 제각각이다. PC의 시대에는 인터넷 첫 화면이 네이버, 다음, 네이트 중 하나였고 그곳에 뜨는 뉴스들도 비슷했다. 지금은 유튜브와 인스타그램 속 화면에 나오는 사진과 영상들이 우리의 취향을 있는 그대로 보여주게 되었다. 같은 집의 사는 사람들조차도 서로 다른 화면을 만나고 있다. 내 화면 속 그들은 수많은 팔로워를 가지고 있지만, 정작 내 옆 사람이 그를 구독하고 있지 않을 수도 있고 심지어 모를 수도 있다.

정보의 공해, 콘텐츠 앞에 삽입된 광고조차 당연히 필요한 것 같이 익숙해진 사회에서 우리는 우리에게 유익한 것들을 찾으려 노력한다. 나에게 영향을 주는, 영향력 있는 사람들의 말을 언제든 재생할 수 있다. 그런 변화 속에서, '스몰토크'의 역할이 조금씩 바뀌는 것을 본다. 가벼운 날씨 이야기는 굳이 꺼내지 않는 게 나아 보인다. 예의를 갖춰서, '깜빡이'를 켜고 진입해야 할 것 같은 긴장을 줄 때가 있다. 언젠가는 이렇게 말할지도 모르겠다. "모르는 사람에게 왜 감히 말을 걸어?"

정보 과잉의 시대에, 하찮게만 느껴지는 앞사람의 이야기를 길게 들어줄 여유는 사라진 건 아닐까? 눈앞의 사람과 이야기를 나누기보다, 어색함을 자연스럽게 스마트폰으로 넘기는 분위기도 익숙해졌다. 언젠가부터 나보다 어린 친구들과 대화하면서 그런 눈치를 많이 보게 된다. 내가 하는 이야기가 'TMI'가 아닌지 체크하게 되고, 한 번에 1분 이상 이야기하지 않으려고 한다.

정보가 부족하고 타지인의 이야기가 유익한 시대에는 나그네를 환대했다. 하지만 좁은 땅에 많은 사람들이 살고 정보가 충분해지면서 사람들은 예전보다 서로 간의 거리가 많이 필요해졌다. 타인과의 거리를 많이 확보할 수 있는 집일수록 가치는 상승한다. 윗집 사람과 아랫집 사람의 거리가 가까울수록 그들은 이웃보다는 '내 영역을 침범할 가능성'이 된다.

거기에 팬데믹은 더한 벽을 남겼고 여전히 쉽게 허물어지지 않는다. 벽이 있는 게 기본값이고 벽을 허무는 것은 용기가 필요하다. 이십 년 동안 지나다녔던 아파트 단지 샛문이 어느날부터 카드키로만 열리게 되었다. 샛문 너머에 있던 슈퍼는 수십 년째 그곳에 있었지만 곧 문을 닫을 예정이다. 최근 집앞에 새로 생긴 아파트 단지는 정문을 제외한 모든 샛문을 없애버렸다. '우리'가 아닌 '타인의 위협'은 정문으로는 들어오지 않는 걸까? 벽을 다시 허무는 데에는 많은 시간이 걸릴 것 같다.

그런 세상에도 재미있는 앱이 하나 있다. 당근마켓이다. 처음에는 필요와 필요가 만나기 때문에 불편함이 없구나 하고 생각했다. 하지만 당근마켓은 어느새인가 조금씩 우리들 사이 커뮤니티의 영역을 넓혀 가고 있었다. 서로 간의 거리가 필요하고 옆집을 이웃으로 여기지 않던 사람들이, 나와 같은 동네에 사는 다른 사람들의 이야기에 귀를 기울이기 시작한 것이다. 중고물건을 거래하는 것만이 아닌, 이웃의 소소한 일상을 나눌 수 있는 앱이 되었다. 마침 당근마켓이 의도한 브랜드의 의미는 '당신 근처에 있는 마켓'이라고 한다.

당근에서 따뜻함을 나누면 매너온도가 올라가고, 따뜻한 온도를 가진 사람들은 거래할 때 믿을 수 있는 사람이 된다. 바로 옆 사람은 믿을 수 없지만 애플리케이션이 인증해 준 이웃은 믿을 수 있다니 조금은 서글프지만, 그래도 이렇게라도 마음을 연다니 다행이다. 산골마을에 사는 정여민 어린이는 '마음의 온도는 몇 도일까요'라는 시에서 너무 뜨겁지도 않고 차갑지도 않은 온도가 따뜻함이라는 온도라고 했다. 뜨겁지 않으려면 가깝지 않아야 하고, 차갑지 않으려면 멀지 않아야 한다.

언젠가는 팬데믹 이전의 벽을 허물어야 한다. 벽을 마주한 사람들은 벽 너머가 이곳보다 더 낫고 지킬 것이 있다는 타인의 적대감 또한 마주하게 되기 때문이다. 벽이 많아지면 과연 더 안전해질까? 오히려, 벽 너머의 세상이 벼르고 있게 만들지도 모른다. 너희가 벽 너머로 나온다는 건 위험을 감수하겠다는 것과 동일한 행위로 받아들이겠다고 엄포를 놓을지도 모른다.

가깝지도 멀지도 않은 따뜻한 책방이 되고 싶다. 책 생태계는 독자와 작가 사이의 거리를 좁혀 가는 쪽으로 움직이고 있지만, 그 사이 이웃이 파괴된 세상은 좁은 거리를 용납하지 않는다. 오히려 약간의 비밀스러움을 주어 거리를 두고, 그것을 통해 '읽겠다는 마음'을 주는 것이 읽을마음의 길이다.

나보다 하루 일찍 태어났거나 하루 늦게 태어난 사람에겐 특별하지 않을, 나와 같은 날 태어난 누군가의 이야기. 생일을 통해 이어진 인연이 사람들의 마음속에 또 하나의 세계를 만들고, 그 세계 안에 새로운 이웃을 만들었으면 좋겠다. 언젠가 나와 같은 생일의 작가를 마주한다면, 당신과 생일이 같다고 말해준다면, 그 세계 앞에 선 당신의 이웃이 반갑게 손을 흔들며 반길 것이다. (당근을 흔들 수도 있고.)

당근처럼 따뜻한, 당신 근처의 책방이 되기 위해
이 공간을 더 사랑하며 지켜나가야겠다고 다짐해 본다.

빵 점 짜리 동네서점

 읽을마음이 자리한 동네는 처음 책방이 생긴 2018년부터 지금까지 꾸준히 인구가 줄었다. 내가 태어나고 자라고 살아온 이곳은 책방이 열릴 무렵 뉴타운 재개발구역으로 지정이 되었고, 골목의 주택들은 하나둘씩 모여 재개발구역 조합을 만들었다.

 그래서 책방을 열고 2년 동안은 거리에 다니는 사람들이 매달 줄어들었다. 2만 명의 사람들이 떠났고, 그 자리에는 새로운 아파트들이 들어서기 시작했다. 산지가 많고 도로가 좁은 광명은 뉴타운을 만들기 위해 산에 가까운 지역부터 철거하고 아파트를 짓는다. 수많은 트럭들이 오가며 산 아래, 그러니까 도심 외곽 지역에 아파트를 완공하면, 새 도로를 만들고 그다음 지역을 또 몇 년 동안 철거한다. 시간이 흐르고 아파트가 완공되자 사람들이 들어오기 시작했다. 그러나 거리를 오가는 사람은 쉬이 늘지 않았다. 자연스레 그다음 순위의 주택들에서 사람들이 빠져 나갔고, 그들이 살고 있던 집은 하나씩 부서졌다. 새 이웃의 터전은 아직 멀리서부터 지어져 오고 있었는데, 팬데믹으로 세상이 멈추는 시간이 먼저 왔다.

철거로 사람들이 나가는 건 순식간이지만 그 자리에 새로운 사람들이 입주하기까지는 또 오랜 시간이 걸린다. 거리의 풍경이 바뀌고, 내 출퇴근길도 바뀌었다. 우리 집은 산자락 끝에 있고 그곳에서 지하철역 근처의 서점까지는 골목골목 예쁜 주택가를 지나와야 한다. 나는 출근길과 퇴근길에 서로 다른 골목을 다니기를 좋아했다. 출근길은 기역 자로, 퇴근길은 니은 자로, 내일은 중간에 카페를 들러 디귿 자로, 저녁엔 이자카야를 들러 리을 자로.

하지만 아파트단지들이 하나씩 완공되고 새 주택가가 재개발 합의에 도달하면서 그 골목들도 하나둘씩 사라졌다. 대신 양옆으로 철판 벽을 두른 임시 통로가 생기고 있다. 벽 너머에서 어떤 차량은 흙먼지를 줄이기 위해 연신 물을 뿌리고, 어떤 차량은 벽돌집을 부수고 있다. 집에서 책방에 가는 길은 내가 여덟 살 무렵 책방 근처에서 지금의 집 근처로 이

사 온 뒤 항상 오갔던 길이지만, 이제는 어디가 내가 걷던 길이고 어디가 주택가였는지 알 수 없는 풍경이 되었다.

이런 지역에서 새 서점이 생기는 건, 남아 있는 동네 주민들에게도 신기한 일이었다. 전혀 예상치 못한 가게가 들어선 탓에, 사람들은 내가 건물주거나 큰돈을 번 청년이라고 생각했다고 한다. 물론 아니다. 책방을 하는 동안 건물주가 될 일은 없을 것 같다.

새로 지어진 아파트 상가건물들은 하나같이 지금 책방이 있는 건물의 몇 배 이상의 분양가가 책정되었다. 임대료 또한 엄청나다. 철거되는 골목길은 피하고, 오가는 사람이 줄어든 대로변도 떠나고, 끝이 보이지 않던 팬데믹을 버티기 위해 택한 곳이 오구구오 골목이었다. 수많은 가게들이 사라지는 세상에서, 사람들의 관심 덕분에 작은 책방은 살아남았다.

그사이 읽을마음이 모은 생일책은 어느덧 사천 권을 훌쩍 넘었다. 하지만 여섯 평 가게에는 최대한으로 책을 둔다고 해도 이천 권도 두기 어렵다. 처음에 365일의 생일책을 겨우겨우 모을 때도 가게 전체를 생일책으로 채우는 날이 언젠가는 오리라고 생각했지만, 이렇게 빠르게 늘어날 줄은 몰랐다.

그러다 보니 방문하는 동네 손님들에게 미안할 때가 많다. 특색 있는 서점으로서의 역할은 나날이 잘 해 나간다고 생각하고 있지만, 동네서점으로서는 신간을 둘 곳도, 좋은 책을 둘 곳도 점점 줄어드는 빵점서점이 되어 가고 있는 것 같다. 책을 많이 가지고 있다고 좋은 서점이 되는 건 아니지만 그래도 최소한의 구색은 갖추고 있어야 한다고 생각하는데, 작은 가게에서의 한계를 조금씩 느끼게 됐다. 언젠가는 오랫동안 가게를 할 수 있는 공간을 찾아서 읽을마음을 '아주심기' 하고 싶다.

새로 들여온 책을 둘 곳이 마땅치 않아 마음이 상할 때면, 읽을마음만이 갈 수 있는 장소에 대해 생각해 본다. 누구도 원하지 않을 것 같은 공간, 다른 사람들에게는 '설마 여기가 책방이 있을 곳인가' 싶더라도 나와는 어울리는 곳이 있다면 어디일까?

오랫동안 생각해 보니, 최근에는 소방서 옆에서 책방을 하고 싶다는 생각에 머물러 있다. 사람들이 책을 손에 들 여유를 만드는 건, 보이지 않는 곳에서 일상을 지켜 나가는 사람들 덕분이라는 생각이 들어서였다. 황급히 출동하는 사이렌 소리를 들을 때마다 내가 알지 못하는 누군가의 안녕을

빌고, 급히 달려가는 소방공무원분들과 그들이 구하러 가는 누군가의 안전을 기도하며 산다면, 조금은 그 감사함을 갚을 수 있지 않을까? 출동 시간마다 읽을마음의 일상이 이따금씩 끊기더라도, 그것이 오히려 더 경건한 시간을 만들어 줄 것 같다. 읽을마음에 방문하는 사람들도 나와 함께 기도할 수 있는 공간이 된다면 더욱 좋겠다.

새로운 공간에 대해 이런저런 구상을 하며, 책방의 접근성과 단절성에 대해 적용했던 부분들도 변화가 필요하다고 느끼고 있다. 문턱을 만들 당시에는, 휠체어를 탄 손님이 오시게 되면 근처 장애인복지관에서 간이 경사로를 대여해서 모셔야겠다고 생각했다. 하지만 그런 손님들이 오지 않다 보니 언젠가부터 나는 그런 부분에 대해 놓치고 있었다. 한눈에 보기에도 오지 말라는 듯한 이중 문턱 때문에 못 오신 분들이 있지 않을까. 당연히 생각했어야 하는 부분들이라 부끄러운 마음이다. 새 공간을 만들어갈 땐, 꼭 배리어프리 Barrier-free 디자인을 적용해야겠다고 다짐한다.

한 책방지기의 여행

　모르는 언어로 이야기를 나누는 사람들이 있는 여행지에서 한국어로 된 책을 읽는 순간은 기억에 오래 남는다. 바로 옆에 있는 사람들이 말하는 것도 알아들을 수 없기 때문에, 그들이 나누는 대화는 적당한 소음이나 배경음악이 된다.

　한 도시에서 바쁘게 움직일 때보다는, 도시에서 도시로 이동할 때 책은 제 역할을 한다. 시베리아 횡단 열차를 탔을 때가 그랬다. 멋진 하늘과 끝없는 자작나무 숲을 바라볼 때는 정말 좋았지만, 다음 날도, 그다음 날도 같은 풍경이 펼쳐질 때는 다른 활동들이 필요했다. 일행들과 저녁에 식당 칸에 모여 보기도 하고 옆 칸 외국인들에게 말을 걸어 보기도 하고 지나가던 술 취한 악사와 노래를 부르기도 했지만, 열차에서의 낮 시간은 길고 길었다. 그곳에서 책을 읽는 경험은 여행을 즐기는 또 다른 방법이 되었고, 일행들과 책 속의 이야기를 나누는 시간도 소중하게 남았다. 눈 덮인 땅을 배경으로 우리만의 이야기를 써 가는 기분이었다. 그래서 여행지에 갈 때는 그곳에서 읽고 싶은 책을 고르고 골라서 몇 권 챙겨 가는 편이다.

하지만 정작 도착한 여행지에서 책은 점점 가지고 다니기 불편한 짐이 된다. 다 읽은 책이라도, 여전히 그대로의 부피와 무게를 가지고 있다. 여행 중에 산 물건이나 기념품이 캐리어에 들어올수록 그 무게와 부피는 부담이 된다. 캐리어를 가지고 다닐 때는 부피가 신경 쓰이고, 공항에서 짐 무게를 달 때는 책의 무게가 신경 쓰인다. 어떻게 해야 할까?

아이슬란드로 혼자만의 여행을 떠나기 전, 문득 이런 생각이 들었다. 여기서 보내는 즐거운 시간을 기억할 수 있도록, 이후에도 이곳과 어떻게든 연결되고 싶다고. 나는 이곳에서 태어난 작가가 쓴 책을 한국어 번역판으로 가져와 읽던 중이었다. 책장을 넘겨 속표지에, 그날의 마음을 담은 작은 편지를 적었다.

아이슬란드 작가의 한국어 책을
Kex 호스텔에 두고 갑니다.
잠이 오지 않는 밤에 읽어보세요.

지금은 2021년 10월 31일입니다.
코로나를 뚫고 여기 왔어요.
마스크를 쓰지 않아서 좋아요.

*insta : *****

 그 뒤로 여행지에 갈 때마다 그 여행지에 관한 책을 들고 가서 그곳의 북카페나 호텔 로비에 두고 오는 습관을 갖게 됐다. 강민영 작가의 『부디, 얼지 않게끔』은 베트남 사파의 한 호텔에, 백영옥 작가의 『실연당한 사람들을 위한 일곱 시 조찬모임』은 도쿄의 북스테이 게스트하우스에, 오스틴 클레온의 『킵고잉』은 영화 「안경」을 보고 떠난 요론 섬의 카페에서 언젠가 그 책을 열어 볼 한국인을 기다리고 있다.

 아이슬란드에 다녀와서 해가 두 번 바뀐 2023년, 한 통의 DM이 왔다. 그가 보내 준 사진 속에는 내가 Kex 호스텔에 두고 간 책이 들어 있었다. 두 번째 사진을 봤다. 내가 쓴 손편지가 보였다. 지난해인 2022년에, 내 글 아래 답글을 달아 둔 누군가의 흔적도 함께 있었다.

'여기 왔다 갑니다. 메시지가 넘 귀엽네요. 비록 오로라는 못봤지만 너무 좋았습니다. 다시 오려구요!'

오늘의 여행자가 전해 준 과거의 내 흔적과, 그사이에 있었던 지난 여행자의 흔적을 발견하는 건 정말이지 벅찬 경험이었다. 다시 갈 수 있을지 모르는 그곳에서도 이 책방을 위해 존재만으로 '열일'을 하고 있는 책이 있다는 사실이 감사했다. 이후로 사파에서도, 요론에서도 종종 연락이 온다.

엔데믹 이후로는 상대적으로 사람들의 관심이 해외로 모였기에, 상대적으로 한적한 국내로 여행을 다녔다. 그러다 보니 예전처럼 책을 가져가는 일은 많이 줄어든 편이다. 읽고 싶은 책을 가져가지 않아도, 현지에 있는 동네서점에 들러 새로운 책읽기를 만들어 갈 수 있기 때문이다.

그사이 책방의 이름을 바꿨다. 해외 여행지에 남긴 책들은 예전 책방의 이름과 주소들이 적혀 있다. 어쩌면 책방 이름과 인스타 아이디를 검색해 본 사람들이 아무 정보도 얻을 수 없어서 아쉬워할지도 모르겠다는 생각이 들었다. 그렇게 그동안 갔던 여행지를 언젠가 다시 방문해야겠다는 핑계가 늘었다. 실행에 옮기느냐는 또 다른 문제겠지만.

지구별 어딘가 내가 남기고 간 책들이 있는 자리에 내 발걸음이 다시 닿지 않더라도, 언젠가는 내가 남기고 간 책을 만난 사람들과 나의 책방 읽을마음이 만날 것 같다는 생각을 해 본다. 자신의 여행 중에 책을 만나 책방으로 연락을 해오는 사람들은, 누구보다 자신의 여행을 잘 즐기는 사람들일 테니까. 예상치 못한 곳에서 만난 모국어 책이 주는 경이감을 충만하게 느낄 줄 아는 사람들이니까. 그런 사람들이기에, 언젠가 우연히 읽을마음을 스쳐 간다면 그들의 마음에 이 작은 책이 와 닿고, 그날의 여행 이야기를 함께 나눌 수 있을 것이라고 믿어 본다.

『도시와 그 불확실한 벽』
소설 속 마을로의 여행

 소설 속에서 소녀는 소년에게 자신이 왔던 한 도시의 이야기를 들려준다. 도시에 대한 이야기는 모호하다. 소년의 질문에 대답하며 도시의 형태가 만들어지는 것 같다. 어린왕자의 별에 어느 날 피어난 장미꽃이 자신이 있던 곳에 대해 이야기한다면 이런 기분일까? 이건 도시만의 이야기가 아니다. 이 소설 전체의 이야기이기도 하다.

 소녀가 떠난 뒤 오랜 시간이 흐르고, 중년이 된 소년은 환상 같은 그 도시로 들어가는 데에 성공한다. 그리고 그곳에서 예전 모습 그대로의 소녀를 만난다. 이전에 만났던 소녀는 자신이 이 도시에서 사는 소녀의 그림자일 뿐이라고 했다. 그 말대로 이 도시에서 있는 '본체'인 소녀는 소년을 알아보지 못한다.

'꿈 읽는 이'로 이 도시에 들어올 자격을 얻은 소년은 매일 소녀가 있는 도서관으로 출근한다. 이 도서관에서는 책 대신 누군가의 '꿈'을 읽는다. 하지만 그 꿈은 전혀 해석되지 않는 이야기들이다. 모르는 언어와 마찬가지로, 읽고 있지만 전혀 알 수 없는 내용이다.

소년이 선택할 수 있는 길은 두 가지였다. 자신을 알아보지 못하는 소녀가 있는 도서관에 찾아가 매일같이 '읽을 수 없는 누군가의 꿈'을 읽는 일을 반복하거나, 도시 입구 감옥에서 죽어가고 있는 자신의 '그림자'와 함께 이곳에서 탈출하거나.

어느 날 소년은 그림자를 도시 밖으로 탈출시킨다.
그리고 어째서인지 그 도시의 기억을 갖고 원래 세상으로 돌아온다.
돌아온 소년은 그림자일까, 본체일까?

여기까지가 『도시와 그 불확실한 벽』 1부의 내용이다.
내가 찾아간 마을은, 다시 돌아온 소년이 현실에서 찾아간 2부의 내용, 그 배경이 되는 마을이었다.

도시에서만 살았던 소년은 불확실한 벽을 가진 도시에서 빠져나온 뒤 어딘가 한적한 마을의 도서관에서 일하고 싶다는 마음에 사로잡히고, 지인을 통해 구직을 한 끝에 후쿠시마의 한 마을로 들어간다. 소설 속의 묘사를 통해 얻을 수 있는 정보는 다음과 같았다.

- 아침 아홉시에 도쿄를 벗어나 오후 두시가 다 되어 도착

- 도호쿠신칸센으로 고리야마까지

- 재래선으로 아이즈와카마쓰까지 가서 다시 로컬선으로 이동

- 로컬선은 산과 산 사이를 여러 터널을 지나며 이동

책을 읽으면서 구글 지도로 어디쯤에 있는 마을일까 찾아보게 되었다. 도호쿠신칸센의 '도호쿠'는 '동북'이라는 뜻이었고, 도쿄에서 동북쪽으로 들어가면 일본 본토 내륙 깊숙한 곳에 고리야마가 있다. 그리고 이곳은 우리에게는 좋지 않은 의미로 알려져 있는 후쿠시마 현이다.

예매부터 출발까지 단 이틀밖에 없는 상황에서 여행을 준비했다. 후쿠시마가 안전한지에 대해 먼저 살펴보았다. 후쿠시마는 강원도처럼 중간에 큰 산맥이 있어 영서와 영동으로 나눠지듯 경계가 있었고, 원전은 산맥 동쪽에, 내가 가는 마을들은 산맥 서쪽에 있었다. 물은 높은 산에서부터 아래로 흐르니 원전 쪽은 태평양 방향 물을 쓰고 이 마을들은 동해 방향 물을 쓰면서 생활권이 나뉘어져 있었다. 안심하고 여행을 준비했다.

그렇게 전혀 갈 일 없을 것 같은 후쿠시마의 어떤 마을에서 시간을 보내기로 했다. 소설 속 이야기니까 정확히 들어맞는 지역은 없겠지만, 소설 속 묘사와 가까운 마을을 찾았다. 기차역에서 도보로 십오 분 거리에 도서관이 있는 마을이었다. 중간에 편의점과 공원이 있어서 소설 속 소년이 커피를 사서 잠시 쉬었음직한 길도 있었고 마을에서 조금만 벗어나면 콘크리트 둑방을 가진 무개성한 하천도 있었다, 그곳을 따라 걷다가 도서관으로 출근할 수 있는 코스까지. 그리고 블루베리 머핀은 아니지만 맛있는 초코 머핀을 팔고 있는 한 카페가 있었다.

이 카페에서는 여행을 완성하는 중요한 정보도 얻었다. 가장 미스터리한 두 캐릭터 중 한 캐릭터 '고야쓰'의 무덤을 찾다 돌아오는 길이었는데, 카페 주인이 '이 마을에 고야쓰의 산당이 있다'고 말해준 것이다. 그것도 몇 번이나 지나간 기차역 앞이었다. 다시 돌아가 기차역을 몇 바퀴나 돌아서야 바로 앞에 대놓고 자리 잡은 산당을 발견했다. 하루키가 소재로 삼은 마을을 제대로 찾아왔다는 안도감이 들었다.

이번 여행에도 책 한 권을 두고 왔다. 가져간 책은 『도시와 그 불확실한 벽』 동네서점 에디션 한정판이었는데, 귀한 정보를 알려준 카페에 기증했다. 표지와 내지를 연결하는 간지에는 책방 도장과 편지를 남겼다. 언젠가 우연히 이곳에 방문한 한국인이든, 책을 읽고 헤매다 이 카페에 도착한 한국인이든, 이 책을 발견하면 정말 좋아하지 않을까? 다른 여행지들에서 그랬던 것처럼, 책방에 꼭 안부를 전해달라는 메시지도 함께 담아 두었다.

그 인연으로 후쿠시마 어딘가에 있는 이 카페와 나는 종종 연결된다. 카페 주인은 『도시와 그 불확실한 벽』을 발견한 한국인들이 올린 인스타그램 스토리를 나에게 전해 준다. 최근에는 오랜만에 인사를 주고받았는데, 원서의 편집자가 이 카페에 방문했었다고 한다! 제대로 찾아간 게 틀림없다.

『도시와 그 불확실한 벽』의 스토리는 꿈과 현실의 경계도 모호하고, 꿈속으로 들어갔다 나온 '나'의 모습이 그림자인지 본체인지, 그 둘이 다른 인격을 가지고 있는지도 모호하다. 이런 모호함을 싫어하는 사람들에게는 마음에 안 들 수도 있는 책이겠지만, '생각을 펼치는 도구'로서의 책읽기에는 이만한 책이 없었다. 특히나 직접 지역을 찾아보고, 밟아보고, 역사를 알아보고 현지인들과 이야기를 나누면서 겪었기에 더 오랫동안 기억에 남을 책이 될 것 같다. 알 수 없는 '꿈'을 읽는 시간을 보낸 주인공의 모습을 상상하며, 지난 책방의 이름과 함께했던 시간을 떠올리느라 생각 속에 멀리 떠나 머물기도 했다.

책의 3부에서 나타난 '새로운 소년'이 길을 떠난 계절인 겨울에 나는 그 마을을 방문했다. 언제가 될진 모르겠지만, 좋은 기억과 많은 사유를 안겨 준 이 마을에 꼭 한 번 다시 방문하고 싶다. 후쿠시마 원전에 대한 염려로 시작해서 아이즈 번 시대로, 메이지 유신 시대로, 다시 류큐 왕국과 오키나와, 임진왜란까지 긴 역사를 되짚어 보게 한 시간이었고 장소였다. 다음 여행에 만약 일행이 있다면, 그 긴 이야기가 어떻게 연결되어 있는지 이야기를 해볼 수도 있겠다.

다음에는 여름에 방문해 봐야겠다. 앞에서 인용했던 소설 속 문장처럼, 선명한 초록으로 뒤덮인 계절에, 오전 아홉 시에 도쿄역에서 출발해 봐야겠다. 한여름이지만 다시 방문한 그 마을에 도서관에서 어쩐지 비틀즈의 '옐로 서브마린' 파카를 한 소년을 만날 것만 같다.

가장 사치스럽고 사소한 일

음악이 그렇게 싸져서 모든 사람이 거의 공짜로 음악을 즐기게 됐는데 사람들이 음악으로부터 얻는 효용은 얼마나 늘어났나요? 음악을 듣는 사람들이 그 10년 사이에 175만 배나 100배, 아니 열 배라도 더 행복해졌나요? 오히려 반대 아닌가요? 사람들은 이제 음악을 공기처럼, 심지어 어떤 때는 공해처럼 받아들입니다. 사람들은 크리스마스 시즌이 되면 캐럴이 듣기 싫어 괴롭다고 하고, 마음을 편안하게 해 주는 잔잔한 음악을 엘리베이터 뮤직이라며 조롱합니다. 음악은 이제 침묵보다도 더 값싼 것이 되었습니다.

장강명, 『산 자들』 中 「음악의 가격」 326쪽, 민음사

하루를 마치는 시간에 조용히 독서의자에 앉는 루틴을 만들었다. 독서의자라고 이름 붙여 두었지만, 이곳에서 독서를 한 적은 거의 없다. 이곳에 앉는 시간은 대부분 하루를 마감하는 시간이 되기 때문이다. 원래는 이 책에 '하루를 마감하며 잠이 들 때까지 독서를 하는 책방지기' 이야기를 적고 싶어서 산 의자인데, 본연의 역할을 하지 못해 유감이다.

문득 책을 손에 든다는 것이 얼마나 힘든 일인지를 돌아보게 됐다. 언젠가부터 책이라는 물건은 내가 읽는 것만큼이나 남에게 보여지기도 중요해진 것 같다. 어느 나라보다 화려한 표지를 자랑하는 우리나라의 책 시장에서, 책 제목만큼이나 책 표지디자인은 중요한 역할을 한다.

책만큼 중요한 것은 책을 읽는 분위기이다. 사실 근세까지만 해도 책이라는 물건을 읽는 데에 아주 작은 조명 외에는 필요한 것이 없었다. 하지만 근대에 들어서고 현대 시대에 다다르면서, 우리에게는 책이라는 물건을 즐기기 위해 몇 가지가 더 필요한 세상이 된 것 같다. 멋진 재즈가 흐르고 어둑한 조명이 비추는 가운데 책을 읽는 모습을 그리게 된 것 같다.

하지만 앞으로의 책 읽기는 그것과는 조금 다른 모습이지 않을까. 나만을 위해 준비된 레코드판과 그것을 음미하며 문장과 문장 사이를 뛰노는 나의 모습은 지난 시대의 향수다.

그사이 음악이라는 것은 어디 가서나 쉽게 들을 수 있는 것이 되었다. 최근 한 아이돌 그룹의 파워풀한 음악을 들으며 2010년대를 회상하게 되고, 그 시대를 풍미한 음악가가 만든 노래라는 사실에 다시 한 번 경탄하며 그 짧은 노래 속 여러 변화를 느끼는 순간이 있었다. 하지만 여러 차트에서 1위를 지속하던 그 음악을 동네 마트에서 반복 재생되는 노래로 듣는 순간, 그 음악에 대한 내 찬사에 조금은 금이 간 기분이었다. 장강명 소설가의 말처럼, 이제는 음악보다는 음악 없는 침묵이 더 값진 것이 되었다.

그러니 침묵 속에서 책을 읽는다는 것은 훨씬 가치 있는 일이 된 셈이다. 값진 침묵, 그리고 읽는 동안 두 손이 꼼짝없이 내가 넘기는 페이지에 묶여 있는 일. 가장 훌륭한 해석장치인 뇌를 활용해, 데이터 중 가장 작은 단위인 텍스트를 해독한다. 그리고 해독한 텍스트를 머릿속에서 시각과 청각과 촉각, 후각과 미각을 총동원해 그것을 재생한다. 그렇게 읽어가는 텍스트 속에서, 우리는 우리 자신은 물론이거니와 책 너머의 누군가 또한 발견하게 된다.

내가 책을 읽는 것이 아니라, 책이 나를 읽는 일. 누군가를 만나고, 내가 책 속의 누군가가 되는 순간. 가장 사치스럽고 가장 사소한 그 일이, 어쩌면 나를 사람답게 살아가게 하는 것이 아닐까?

텍스트뿐인 세계의 미래

 아주 가까운 과거까지만 하더라도 책은 영상매체가 주는 세상보다 더 구체적이고 실감 나는 세상을 상상할 수 있게 해 줬다. 인류는 종이에 적힌 활자 속에서 글쓴이가 표현하고자 하는 세상을 상상하려 노력해왔고, 어떤 그림보다, 어떤 실제보다 그 풍경을 구체적으로 그려 나갈 수 있었다.

 하지만 최근의 영상 콘텐츠들을 보니, 어느 순간 그 세계가 역전되었다는 느낌을 받는다. 이제 영화와 다른 영상매체들은 내 부족한 상상력으로 채우지 못하는 부분들을 더 강렬하게 채워 준다. 커다란 화면 속에 내가 쓰지 않던 색감들과 섬세한 배경화면들이 가득한데 꽉 찬 사운드까지. 즐겁게 영화를 보고 나오던 어느 날, 내가 활자를 통해 상상하는 세상이 더 낫다고 말할 수 없게 된 것 같다는 생각이 들었다. 책방을 연 뒤에도 이런 부분에서 책이 어떻게 강점을 가질 수 있을지 오랫동안 생각해보게 됐다. 정답은 없겠지만, 스스로 내린 나만의 해답이 두 개 있다.

먼저, 텍스트를 머릿속에 입력하고 다시 분석해서 내가 원하는 이미지와 감정으로 만들어 가는 '과정'에 관한 믿음이다. 책 읽기는 어렵고 비효율적일 수 있다. 하지만 오히려 그렇다보니 우리는 책을 읽을 때 온 신경을 집중해 읽게 되고, 행간에서 작가의 의도를 찾고 흐름에서 감정선을 따라간다. 나는 이 과정이 '누군가를 이해하려는 노력'이라고 생각한다. 더 어려운 분야에서 이 이해하려는 노력을 기꺼이 기울이는 사람은, 사람들을 대할 때도 그 사람의 마음을 더 빠르게 캐치할 수 있다고 생각한다. 다른 더 쉬운 입력이 가능한 매체들을 통해서도 남들보다 더 풍부한 느낌들을 받을 수 있을 것 같다.

다른 하나는 그 영상매체를 만드는 사람들의 세상에서 찾았다. 실제 현장보다 스튜디오 안에서 촬영하는 장면이 많은 최근의 영화들은 배우들이 연기에 몰입하기가 더 어려워졌다고 한다. 반지의 제왕을 찍던 간달프 역의 배우는 초록색 무더기를 호빗으로 보며 연기해야 하는 상황에 울었다고 한다.

그런 촬영 환경에서 배우들은 어떻게 몰입할 수 있을까? 어떻게 그 배역을 충실히 연기해서 우리에게 그들이 표현하고자 하는 바를 전달할 수 있을까? 나는 그 과정에서 배우들이 더 많은 이해력을 필요로 한다고 생각한다. 그리고 그 이해는 주어진 대본을 배우가 어떻게 상상하느냐의 영역이 대단히 중요해졌다고 본다.

앞에서 말한 '이해하려는 노력'이 배우들에게 더 중요해졌다. 텍스트를 해독하고 그것을 표현까지 해야 하는 위치이니까. 결국 우리가 보는 모든 것들은 누군가의 설정과 대본에서 시작한다. 좋은 배우들의 취미 중 독서가 상당하다는 데에 호기심을 갖고 생각해 보니, 어쩌면 당연한 거였다. 배우들이란, 내가 책 읽는 것보다 더 진지하게, 모든 것을 빨아들일 기세로 텍스트에서 의미를 찾아내는 사람들이다. 그래야만 자기가 하는 연기를 이해하고 그것을 표현할 수 있다. 단순히 표현하는 것이 아니라, 나 같은 사람들이 그 감정과 상황을 충분히 이해할 수 있을 만큼 해야 한다.

이런 결론을 내고 나니 이제 나는 영화나 드라마가 책을 망친다고 생각하지 않는다. 오히려 그 빛나는 장면들은, 책을 더 깊이 읽은 사람들이 만들어낸 결과라는 생각이 든다.

오히려 앞으로의 시대는 책을 읽고 텍스트를 소화할 능력이 있는 사람들의 세상이라는 생각도 들었다. 더 많이 느낄 수 있을뿐더러, 그 세상을 만들어 가는 것도 텍스트를 사랑하는 사람들에게 주어진다.

중학교 학생들을 대상으로 직업체험처나 사람책 강연을 하게 될 때, 나는 이런 이야기들을 들려준다. 화려한 디즈니 실사영화 속, 환상 속에서 연기하는 배우들의 대본 리딩 장면도 보여 준다. 21세기를 좀 더 능동적으로, 문화 향유자를 넘어 문화 창작자로 살아가고 싶다면, 앞으로도 책읽기를 놓지 말아야 한다고 전하고 있다. 부디 내가 거짓말쟁이가 되는 미래는 아니기를 빌면서.

간격 좁히기

 십여 년 전, 도서시장에는 어떤 사회적 합의가 있었다. 합의라는 말보다는 양해라는 말이 더 어울렸다. 새로운 기준점을 잡는 데에 시간이 오래 걸렸다 보니, 모두가 원하지 않는 영역에서 하나의 선이 그어졌다. 선이 필요했던 이유에 대해, 선이 다시 없어지면 마주할 평행세계에 대해 이야기를 하려면 지면이 많이 필요할 것 같다. 대신 그 양해에 감사하는 마음으로, 사회 구성원이 함께 그은 선이 이어 준 새로운 빛에 대해 이야기하고 싶다.

 2014년 이전까지 인터넷 서점의 메인화면에는 판권 소멸을 앞두고 50% 할인에 들어간 번역서, 혹은 대형 출판사에서 대량으로 밀어낼 역량이 있는 도서들이 표지를 장식했다. 하지만 2014년, 새로운 선이 그어진 이후부터는 순수문학의 숨이 트였다. 꾸준히 문학의 길을 걸어온 사람들의 작품이 우리 눈에 들어오기 시작했다. 2016년, 소설가 한강이 맨부커상을 수상했다.

 바뀐 생태계 속에서 출판문화산업은 이전과 다른 방식으로 진화했다. '출판 카르텔'이라고 부르기에는 일 년에 5천 개씩 생기는 출판사가 있는 시장이 되어 있고, '출간만 하면 도서관에서 사 준다'고 말하기에는 일 년에 6만 종의 책이 나온다. 책을 쓰는 사람들이 많아졌고, 한국의 문학 작품들이 해외로 판권을 수출하기 시작했다. 그것들을 번역하는 시장 또한 활성화되기 시작했다.

 아직은 하고 싶은 이야기에 비해 듣고 싶은 마음이 희소한 사회 같지만, 기성출판물도 잘 팔리지 않는다는 나라에서 독립출판 북페어가 그 어느 때보다 활성화되어 있다는 건 어쩌면 우리 사회의 다음 희망일지도 모른다. 우리나라의 다음 세대 먹거리가 어디서 생겨날지 우리는 알 수 없다. 하지만 문화적 중흥기를 맞이하고 있는 지금의 대한민국이라면, 문화의 모세혈관을 만들어온 일이 '가능성 있는' 미래의 먹거리를 만드는 작업인지도 모른다.

 2000년대 초, 우리나라 영화인들이 거리로 나와 집회를 했다. 스크린쿼터를 사수해달라는 외침이었다. 한국 영화가 경쟁력이 없으면 도태되어야 하는 게 시장논리에 맞는다는 말에도, 스크린쿼터 덕분에 '경쟁력 없어 보이는' 한국 영화는 꾸준히 영화관에서 만날 수 있었다. 시장 안에 마련된 그런 영역 덕분에, 누군가는 영화를 만드는 꿈을 이어갈 수 있었다.

2019년 영화 「기생충」이 황금종려상을 받았다. 2021년 넷플릭스 드라마 「오징어게임」은 팬데믹 속에서 전 세계를 하나로 만들었다. 그리고 놀랍게도, 그런 일들은 계속해서 일어나고 있다.

2010년대 초, 지난 십 년에 걸쳐 무료 다운로드와 무료 스트리밍이 난무하던 시대가 끝났다. MP3 말고 CD를 사 달라던 가수들의 호소가 무색했던 시절을 지나, 스마트폰의 등장과 함께 음원 유료 구매 시장이 자리 잡힌 것이다. 하지만 자리가 잡힌 지 얼마 되지도 않은 2013년 1월 1일, 음원 다운로드 가격이 한 번에 두 배가 올랐다. 소비자의 반응은 물론 좋지 않았다. 하지만 오른 가격 이상으로 창작자에게 정당한 대가를 지불하겠다는 새 합의점이 생겼다. 그런 시장에서 누군가는 음악을 만드는 꿈을 이어갈 수 있었을 것이다.

시간이 흐르고, 어느덧 BTS의 음악을 전 세계가 듣기 시작했다. 로제는 브루노 마스에게 한국 술자리 게임을 소개해 주었다. APT를 전 세계가 아, 파, '트'로 부르기 시작했다. 한국어 가사 속에 영어를 넣는 시대가 지나고, 소다팝처럼 영어 가사 속에 한국어가 들어가는 게 힙한 시대가 됐다.

상을 받고 유명세를 얻은 그들은 누구보다도 감각적이면서 자신의 분야에서 남다른 노력을 한 사람들이다. 하지만 그들이 대중을, 언어를 넘어 전 세계로 뻗어나갈 수 있는 데에는 모두가 만든 '문화 생태계'가 있었다. 창작은 창작자의 역할이지만, 그들의 노력이 싹을 틔우고 열매를 맺기 위해서는 시장논리를 벗어나 그 생태계를 만드는 데에 대한 사회 구성원들의 합의가 필요했다. 그래서 문화산업은 시장보다는 정책을 통해 그 생태계를 만들 필요가 있다.

사석에서 종종 앞의 이야기들을 나눌 때가 종종 있었다. 그런 자리에서 나는 우리나라도, 우리 출판계도 노벨상 수상 작가가 나온다면 그동안의 양해에 보답하고 서로가 가진 이해의 간격을 좁힐 수 있을 거라는 희망을 말해 왔다. 2024년 10월, 소설가 한강이 노벨문학상을 수상했다.

그럼에도 아직은 갈 길이 멀다. 우리 사회 구성원들 사이 이해의 간격은 너무나 많이 벌어져 있고, 책을 구입하는 사람과 읽는 사람, 두 가지 모두 하지 않는 사람의 간격도 더욱 벌어져 있는 것 같다. 이해의 길을 위해 작가도, 출판사도, 정책 담당자도 각자 해야 할 일들이 있겠다. 읽을마음과 같은 서점이 해야 할 일은, 여기까지 온 각자의 발걸음이 오늘의 이 생태계를 만들 수 있었다는 공감대를 마련하는 것 같다.

아마도 아직은 많이 용기를 내어 말해야 할 이야기들일 것 같다. 그래도 읽을마음이 건네는 그런 말들이, 사회 속에서 공감대를 만들어낸다면 좋겠다. 함께 만든 성과라는 사실에 대해 서로의 공을 인정할 수 있는 때가 온다면, 다음 한국인 노벨문학상 수상 소식은 우리 생각보다 더 일찍, 그리고 더 우리 가까이에 찾아올 것이다.

오래오래 행복하게 살았습니다

아주 오랜 시간 동안, 입에서 입으로 전해진 이야기들이 있다. 글로 쓰여진 세계가 이루어지기 전에 태어난 이 이야기들은 짧은 생명력을 갖고 있었다. 말하는 입과 듣는 귀 사이에서, 귀와 입을 가진 매개가 가진 각각의 마음이 함께 울릴 때에만 새 생명을 만들 수 있었다. 자연스럽게도, 살아남은 이야기들은 마음과 마음의 주파수를 맞출 수 있는 무언가를 품게 되었다.

시간이 지나고 활자의 세계에 당도한 이야기들은 이전보다 긴 생명력을 갖게 되었다. 활자 속 이야기는 씨앗처럼 잠들어 있다가, 페이지를 펼치는 누군가가 나타나면 즉시 생명력을 발현한다. 이처럼 생존을 위한 모양새는 조금 달라졌지만, 이야기들이 그 속에 품은 것은 여전히 이야기를 전하는 매개체의 마음을 동하게 한다. 가늘지만 분명히 연결되어 있다. 서로 다른 시대에 사는 사람과 사람 사이에서, 시간을 넘어서까지 닿을 수 있을 만큼.

  동화라는 이름으로 불리는 이 이야기들은 인간이 오랜 시간 소망했던 것들에 대한 은유로 가득하다. 소망들은 이야기 속에서 이루어지기도 하고 사라지기도 하지만, 살아남은 이야기들이 그렇듯 사람들의 바람대로 흘러가는 편이니 대부분 이루어진다. 그리고 이렇게 끝을 맺는다. 그리고 그들은 오래오래 행복하게 살았습니다.

  가장 나중에 남은 이 문장은, 가장 나중에까지 사람들이 마음에 품을 소망이 되어 여기까지 왔다. 그만큼 많은 것을 함축하고 있을 것이다. 현실을 생각하면 가장 어렵고 바보 같은 소망일지도 모른다. 하지만 이 땅에 살고 있는 모든 '이야기의 매개체'들은 그 어렵고 바보 같은 소망을 붙들며 온 자들의 결실이다. 그래서 제각기 흔들리며 피어난 이 매개체들은 태어나는 순간부터 하나하나 제각기의 예술이 된다.

  책방은 그런 예술과 소망이 만나는 공간이다. 여태까지 만날 일 없었던 새로운 이야기를 품에 안고 읽을마음을 떠나는 모든 사람들에게, 크리스마스 카드처럼 마지막 문장을 선물하고 싶다. 그들은 새로운 이야기를 마음에 품을 준비를 마치고, 문을 닫고 길을 나섰습니다. 그리고 그들은 오래오래 행복하게 살았습니다.

마치며

　책방 읽을마음이 책방지기인 나를 만들어 가며 깨닫게 해 준 것이 있다. 수많은 사람들이 누군가 읽어 주기를 바라는 마음으로 책을 썼고, 누군가는 그런 마음을 기꺼이 읽어 줄 여유가 있다는 것이다. 상대적으로 서로 간의 거리가 있고 여유가 있는 나라에서는 여기보다 기꺼이 누군가의 이야기를 들을 준비가 되어 있어 보였다. 거리가 좁아 여유가 없어진 붐비는 우리 세상에서는 누군가의 이야기를 들어 주기 위해서는 많은 노력이 필요하다.

　'읽을마음'이 중요하다는 생각도 거기서 했고, 생일책에 담은 내 바람도 거기에 있다. 세상의 모든 사람 이야기를 모두 들어 줄 수는 없다. 우리의 이웃이 될 수 있는 사람들을 챙기기에도 벅차다. 그 벅찬 일상 속에서 책을 읽는다는 건, 손끝의 온갖 유혹을 잠시 내려놓는 일이다.

　그래서 읽을마음은 생일책을 전하며 책방지기의 마음과 말과 바람을 몰래 담는다. 책을 손에 든 당신은 다른 사람들보다 조금 더 미지의 세상에 마음을 내어 줄 준비가 되어 있는 사람이라고 말해 주고 싶은 마음과, 책의 내용과 교훈을 떠나 읽을 마음을 가진 것만으로도 당신은 세상에 당신의 마음 한 자리를 내어 주고 있다는 말과, 그런 당신에게 또 다른 누군가가 기꺼이 그 사람의 마음 한 자리를 당신에게 내어 주었으면 하는 바람이다.

이 책을 여기까지 읽은 여러분은 이미 나에게 그 마음을 내어 준 사람들이다. 이야기가 마음에 들었든 들지 않았든, 당신의 그 여정에 진심으로 감사한다. 감사하는 시점은 이 책이 당신에게 가기 한참 전의 일이겠지만, 감사가 닿는 시점은 당신이 이 문장을 읽는 바로 지금이다. 우리는 시간과 공간을 넘어 서로 공감하고 교통할 수 있다. 이 작은 책을 통해 당신이 하는 일이 얼마나 가치 있는 일인지 당신이 스스로를 인정할 수 있었으면 좋겠다. 그리고 앞으로도 기꺼이 누군가 다른 사람이 만든 이야기를 향해 시간을, 공간을, 눈과 손끝을 내어 줄 수 있는 사람이기를 바란다.

초판 1쇄 인쇄　2025년 9월 1일
초판 1쇄 발행　2025년 9월 1일

발행인　　이한별
펴낸곳　　꿈꾸는별

등록　　　2020년 9월 1일 제 2020-000020호
주소　　　14286 경기도 광명시 광명로893번길 13-1, 1층
전화　　　(02)2612-9188
팩스　　　(02)2618-0533
이메일　　pub@starbookshop.com
사용서체　Mapo금빛나루
ISBN　　　979-11-972746-7-1 (03810)

• 이 도서는 2025 경기도 우수출판물 제작지원 사업 선정작입니다.